心が折れる職場

見波利幸

日経プレミアシリーズ

はじめに

介護施設を運営する、ある企業の経営者から実際にうかがった話です。

その企業では、メンタル不調による介護士の休職が発生していたため、実態を調べてみました。すると、特定の介護士長が現場責任者を務めているところに不調者が集中していたそうです。

この話が、その後どうなったかについては、本文でも詳しく紹介しますが、産業カウンセラーとして多くの事例を目にしてきた私の経験でも、特定の部署、あるいは特定のマネジャーのもとでメンタル不調者が多発するという事態は実際に起こっています。

心が折れる職場というものは確実にある。これが私の実感です。

その原因について調べてみると、過剰に仕事やノルマがきついとか、上司が鬼のような性格だったという、わかりやすいケースはそれほど多くはありません。

ただし、そこには、上司の言葉やメンバー間の関係などに関して、ほかの部署や上司とはほんのささいな、けれども決定的な違いがありました。それは、どんなものでしょう。

本書は、メンバーの心を折ってしまう職場にはどのような特徴があり、そこで何が起こっているのか、具体的なエピソードを紹介しながら解説します。

心が折れる職場がもたらす問題は、メンバーを不幸にするだけでなく、生産性の低下によって、ほかの職場にも大きな悪影響を与えます。

もはや、心が折れる職場を放置することはできません。誰もが働きがいを持って、前向きに仕事に取り組める職場を実現させることが急務になっています。

そのために、何ができるのか。皆さんと一緒に考えてまいりましょう。

目次

2章 「アドバイス上手」な上司が部下の心を折る

3章

なぜ運動部を経験していないと、心が折れやすいのか

5章 心が折れない職場とは？

会社に来られなくなる前の、危険なシグナル
他人と比べずに、過去と比べる
メンター制度が形骸化するのは、面倒だから？
復職者を特別扱いしてはいけない
叱責が飛び交う職場の危ない「普通」
復職者対応に、手っ取り早い方法はない
「頑張れは禁句」は、間違った常識？
その指導は、部下のためか、上司の自己アピールか
「あっ、そういえば今日復帰だね」は、再発を招く
上司が復職を、勝手に判断する雑な会社
休職の原因は、本人にもわからない
上司に言いづらいことを伝えるシナリオ

心の折れやすい職場チェック

[上司の傾向]

❶朝は部下から挨拶をすることがほとんど	YES	NO
❷部下のミスをかばうことがない	YES	NO
❸トラブルが起こると即座に、適切なアドバイスをくれる	YES	NO
❹「ホウ・レン・ソウ」が大切だとよく唱えている	YES	NO
❺「部下を不調にするのはパワハラや過重労働」と思っているようだ	YES	NO
❻自分が一度部下に出した指示をけっして変えることがない	YES	NO
❼業務指示は何があっても完遂するべきだと思っている	YES	NO
❽上司と飲むよりも部下と飲みに行くことが多い	YES	NO
❾飲み会のとき仕事の話はめったにしない	YES	NO
❿面談のときに「どういう仕事がしたいのか」「将来どうなりたいのか」のような質問をすることがある	YES	NO

[職場の傾向]

⓫雑談やプライベートの話がしにくい雰囲気がある	YES	NO
⓬映画やドラマよりもニュースを好んで見ている人が多い	YES	NO
⓭社内のイベントを楽しみにしている人はいない	YES	NO
⓮飲み会は会社が主催するものばかり、または義理で集まっている	YES	NO
⓯メンタルヘルス研修は実施したことがない、または過去にやったきりだ	YES	NO

❶〜❼、および⓫〜⓯については、Yesが1点、❽〜❿についてはNoが1点で採点。

5点以下 ……… **今のところ、心が折れにくい職場です。**

6点〜10点 …· **心が折れる人が出てくる危険性があります。**

11点以上 ……· **そのままでは、次々と心が折れる人が出てくるかもしれません。**

1章

飲み会が少ない職場は危ない

「自発的な飲み会」のない職場で、メンタル不調が多発するわけ

私は、職業柄、研修やカウンセリングなどを通じて、多くの方々と接する機会があります。そして、ある頃からメンタル不調になってしまう方が多く発生する会社や職場には、業種や職種、規模などを超えて、さまざまな共通点があることに気がつくようになりました。

この共通点には、いくつかのポイントがあるのですが、たとえば研修などで初めて出向いた会社では、気になる点について、まず参加者の皆さんに質問をしてみることがあります。たとえば、こんな感じです。

「皆さんの職場では、自然発生的な飲み会がよく開かれますか？」

この質問に対して、多くの手が挙がる組織では、メンタル不調になる人が比較的少なく、ほとんど挙がらない場合は、メンタル不調が多発する傾向があるのです。

この話をすれば、皆さんからも、おそらく「それは、そうだろう」と同意いただけると思います。ただし、「そうか、ではうちでも飲み会を開いて、メンバーの交流促進を図ろう」

と考えるのは、あまりに短絡的です。ことはそれほど単純ではありません。どういうことでしょうか。

かつては、自発的な職場の飲み会はよく見られる光景でした。上司が「おい、ちょっと食事でも行くか？」と部下を誘うこともあれば、同僚同士で「今日あたり、ちょっと行く？」と声をかけ合うこともある。自然発生的なノリで、その日に出かける飲み会が昔の職場ではよくあったものです。

こうしたインフォーマル（公式ではない）な飲み会は、最近の若い方々の生活スタイルの変化などもあって、以前ほど活発ではなくなっています。仕事で疲れていたり、プライベートの用事があったりすると、勤務時間外の「仕事仲間のつきあい」が重荷になることもあるのでしょう。

それでも、歓送迎会や忘年会などの「公式行事」以外にも、時には気の合う仲間同士、あるいはプロジェクトのグループで飲みに出かける職場も少なくはありません。

では、飲み会がしばしば開かれる職場と、同僚同士で業務時間外の交流がほとんどない職場とでは、何が違うのでしょうか。

それは職場の雰囲気、空気とも言えるものです。飲み会が開かれないから、メンバーの心が折れたり、メンタルに不調をきたしてしまう人が発生したりするのではなく、皆の心が折れやすいような職場だから、自発的な飲み会が開かれないのです。

2～3人の小さなグループでもいいのですが、自然と「飲みに行こう」と声をかけ合える職場は、ふだんから気兼ねないコミュニケーションがあります。仲間同士、気軽に誘い合える雰囲気がふだんからつくられている、と言ってもいいのかもしれません。

仕事が先、プライベートは後

ここで気をつけなければならないのは、職場でのコミュニケーションは2つの種類があるということです。1つが「業務上」の、もう1つが「業務外」のものです。業務上のコミュニケーションが十分でなければ、業務外のものはほぼ成立しません。

このポイントを押さえずに、ただ飲み会を開いても意味がないのです。

たとえば業務上のコミュニケーションについて、仕事で問題を抱えている部下がいれば、今の状況をしっかりと聞いて、「問題の原因は何か」「解決するためには何が必要か」「それは部下だけでできるのか」「自分（上司）はどんなサポートをするべきか」など、会話を通じて問題解決を図る必要があります。

ただし、ただ単に「こうしなさい」とアドバイスや指示をすればいい、これで業務上のコミュニケーションは十分だと勘違いしてはいけません。会話から「今、このような問題を抱える部下はどんな気持ちなのか」と相手の心情に思いを馳せることで初めて成立するのです。

つまり、業務上のコミュニケーションにおいても、2つの種類があることがわかります。1つは問題解決が図れるように導く会話、もう1つはその問題を抱えている今の部下の気持ちをくみ取ることです。

業務上のコミュニケーションのうち、どちらか一方でも欠ければ、業務外のコミュニケーションにはつながっていきません。

仕事の話がきちんとできていない状況で、プライベートについて会話をしても当たり障りのない内容にとどまります。あるいは部下の側に、「あのときは助けてくれなかった」「あの大変な状況を理解してくれなかった」といった気持ちが棲みついているので、そもそも仕事以外の話をする気持ちすら持ち合わせていないでしょう。

仕事が先、プライベートはそのあと。この順番を逆に理解している人が世の中には多すぎます。だから、職場のコミュニケーションが不足気味になってしまうのです。

〝打ち合わせのような飲み会〟に潜む罠

上司と部下の関係を離れ、職場というグループではどうでしょう。

皆さんも、ここで一緒に働いている人たちの顔を思い浮かべてみてください。「職場を離れたところでも、仕事のこと、趣味のことなど、いろいろ話をしてみたい」と思えるでしょうか。

肝心なのは、飲み会や食事会の回数が多いか少ないかではなく、職場の人たちと、雑談を含め、「仕事の話が気軽にできる、あるいは仕事以外の話ができる空気があるか」なのです。

メンタル不調を抱えてしまう人が出てくる職場は、必要に迫られた「業務連絡」以外の話をしにくい傾向が大変に強く、場合によっては、「仕事の話すら、気軽にはしにくい」という状況だってあります。

そのような雰囲気になってしまっている職場では、たとえ飲み会があったとしても、「打ち合わせのような雰囲気」になりがちです。もちろん、社員同士がプライベートなことについて話すことはありません。冷めていたり、無関心が充満していたり、あるいは心に余裕がなく、メンバーがとげとげしくなっていたりします。

互いに忙しく仕事をしている中、わざわざ雑談の時間を設ける必要はありません。「雑談をしやすい」雰囲気がふだんからあれば、たとえば、エレベータの中、トイレで手を洗っているときなど、ふとしたタイミングで何かしら社員同士が言葉を交わしています。

こうした雑談やプライベートを話せる雰囲気があると、なぜ不調者が出にくくなるのか。それはトラブルなど、いざというときに、助けを求めることができるという安心感につながるからです。

仕事上でのトラブルなど、何かしらネガティブな事案が発生したときに、社内では口に出しにくいことも周りに愚痴ったり、相談したりできれば、メンバーには「周囲に頼れる人がいる」という意識が生まれます。どんなことでも、受け止めてくれる職場の包容力があれば、ある程度のつらいことは乗り越えられるものです。

のちほど詳しく説明しますが、多くのメンタル不調を抱える方は、仕事にしろ、人間関係にしろ、いろいろなものを「一人で背負い込む」ことによって状態を悪化させていきます。「誰も自分を見てくれていない、助けてくれない」という意識が原因になるケースが多いのです。

親身に指導する上司が空気を悪化させる

一方でやっかいなのは、職場の空気は冷め切っているのに、上司自身は、「自分は、職場のコミュニケーションを大切にしている。積極的に部下に声をかけているし、時には食事に誘ったりして、仕事やプライベートの悩みを聞いている」と思い込んでいるケースがあることです。

この場合、「自発的な飲み会がありますか?」と聞くと、その上司は得意げに手を挙げることになりますが、日頃から職場で高圧的な態度をとる上司から、「おい、飲みに行くぞ」と声をかけられれば、部下は断ることそのものがストレスになります。不本意ながらもついて行かざるを得ません。これは半ば強制的な飲み会にすぎないわけです。

さらに、こうした上司はコミュニケーションを重視していると自負していたとしても、仕事の内容についての報告、連絡、相談の「ホウ・レン・ソウ」を厳しく義務付けたり、プライベートな話はとてもしにくいムードを醸していたりといったケースもあります。そうなると、職場には緊張感が漂ってしまい、精神的に追い込まれる人も出てくるはずです。

そして飲みの場では、「俺の若いときは……」とか、「お前の仕事のやり方は……」と語り続けるのですから、上司本人は親身な指導をしているつもりでも、やはり堅苦しい、冷めた職場の空気を悪化させることにしかつながりません。

これは、部下の心理状態を読むことができない、あるいは周囲の空気を敏感に察知できないような上司だからこそ、職場の雰囲気を悪化させているとも言えます。もちろん普通の感覚を持った部下であれば、「課長、あなたの誘いは迷惑です」と率直に伝えることなどできるはずがありません。

ですから、自分が上司、あるいは先輩という立場であるならば、部下や後輩から気軽に声をかけられ、業務外の食事に出かけたことがあったかを思い出してみるといいと思います。これが、「自発的な飲み会」があるかどうかを判断する基準になります。

「ホウ・レン・ソウ」に厳格で、挨拶を待つ上司が支配する世界

先ほど、「ホウ・レン・ソウ」の話題が出たので、この点についても掘り下げてみましょう。しばしば、若手ビジネス・ピープル向けの本などで、「報告・連絡・相談は社会人の基本だから、しっかりするように」といった内容のことが書かれます。これは社会人の所作として間違いありません。

ただし、これはあくまで部下側が自発的に持つべき心構えであって、上から押しつけるものではありません。

それなのに、職場におけるコミュニケーションについて、「部下からのホウ・レン・ソウが一番重要だ」という意識が強い上司がいて、部下との適切な関係を構築できていないケースが多すぎます。

「部下からのホウ・レン・ソウが一番重要」――。この意識を持っているということは、「報告・連絡・相談」を部下に任せて、自分からは能動的なコミュニケーションを図る気がない

ということだからです。自分から部下とのコミュニケーションを放棄してしまっているのと同じです。

コミュニケーションで重要なのは双方向からの働きかけです。これを一方にだけ押しつけて、自分は「来るものを待つだけ」という心のあり方自体が大きな問題をはらんでいます。

このような上司に限って、「なんで自分から挨拶しなくちゃいけないんだ、挨拶は部下からするものだ」と思っていることが多く、事実、朝の職場で顔を合わせたとしても自分から声をかけることはありません。

挨拶に、上下関係などありません。先に気づいた人から声をかけるのが基本です。この「挨拶を待つ上司」と、「ホウ・レン・ソウが一番重要だと唱える上司」は、その特徴をあわせ持っているケースが多く、彼らが支配することによって「心が折れる職場」になりやすくなる相関性があると思っています。

彼らは、「何か問題が起これば、部下から報告に来るだろう」と待ちの姿勢になっていて、報告や相談が遅れて問題が大きくなった場合は、「なぜ、もっと早く報告しないんだ」と部下を責めることで自分の責任を放棄します。

本来上司は、いち早く異変やリスクを察知して、早めの問題解決にあたるのが役割です。当然、日頃から順調に仕事を行っているか、困ったことはないかなどを気にとめ、上司から声かけを行うことも同じように大切なはずです。

効率重視の現代だから、雑談できる雰囲気が重要

メンタル不調者を出さない職場は、たとえば飲み会も、社員がお互いの距離を縮めたり、打ち解けたり、仕事以外の一面を互いに発見できる機会になっています。

職場の空気を決める要素は、やはり上司の影響が大きいものです。どれだけ気軽につきあえる関係だとしても、部下からすれば、上司には気を使ってしまうものでしょう。ですから、職場内のコミュニケーションについては、一緒に飲むのは同僚同士だったり、プロジェクトの仲間だったり、横のつながりでもいいのです。上司がそこにたまに参加するくらいの気軽さがあれば、職場の雰囲気は大きく変わります。

とかく効率が重視されがちな現在、いかに雑談やプライベートな話ができる空間をつくり

出すか、さらには仕事面での悩みや相談を気軽にできる雰囲気を醸し出すかは、どこの職場にとっても大きな課題になっています。

若い世代を中心に、プライベートのスケジュールを大切にしている人たちも増えているため、食事や飲み会を無理強いするのは、絶対に避けなくてはいけません。

しかし、自然発生的な飲み会が開かれないのであれば、部下や後輩に気さくに声をかけるよう心がけたり、気軽に誘えるランチやティータイムを利用したりするなど、少しずつ職場の空気を変える努力が必要です。

直接の業務連絡以外の話、仕事の場を離れて話ができる機会や雰囲気をいかにつくるか。そのことが、自分にとっても、職場の仲間にとっても、長い目で見て、働きやすい職場環境をつくる第一歩になるのです。

その前提になるのが、まずは「業務を通してしっかりサポートすること」です。これが必須の条件であると肝に銘じる必要があります。

ほとんどの人が「泣かない」のは、危険なシグナル

では、ほかにメンタル不調が発生しやすい職場には、どんな特徴があるのでしょうか。やはり研修などのときに、企業の方にこんな質問をすることがあります。

「ここ1～2カ月で涙を流したことはありますか」

これに対する反応を見ると、メンタル不調者が多い会社ほど、「涙を流したことがある」という人の割合が少ないのです。20人に1～2人くらいでしょうか。ところが、不調者が少ない企業で同じ質問をすると、手を挙げる人の割合が半数ぐらいになります。

これは非常に興味深い傾向です。さらに突っ込んで調べたくなり、メンタル不調者が多い企業で、質問の期間を1～2カ月から半年～1年へと広げ、さらにテレビや映画を観たときや本を読んだときと条件を変えて聞くと、やっと半数ぐらいの人が「涙を流した」というのです。

もう1つ、メンタル不調者が多い企業の特徴があります。「最近、泣きましたか？」に対

して、手を挙げるにしても他者の目を気にして、そっと挙げる傾向があるのです。何か恥ずかしいことでもしている感じです。一方、不調者の少ない企業では、堂々と勢いよく挙げます。

手を挙げる人が少ない、挙げるにしてもそっと挙げる。これについてはあとで詳説しますが、論理的な業務遂行を求められる企業ほど、その傾向が顕著になります。「涙を流す＝感情を表す＝大人気ない」といったような感覚が意識の底にあるのかもしれません。

ニュース番組しか観ない人が集う職場

仕事もプライベートも含めて、私たちは感情が動くことがどれだけあるか。涙を流す人が少ない職場の方々と話すと、仕事においても、達成感や充実感などの感情面での満足を得ることよりも、与えられた課題・ノルマをこなすことや、問題を論理的に解決すること、それ自体に大きく意識を向けているようです。

そして、涙を流すことがない人たちに、「どんな本を読んでいますか」という質問をすると、直接的に仕事に役立つようなビジネスのノウハウ、経営の知識、また経済情勢などに関するテーマが多いのも特徴的です。

もちろん、そうした本を読むことはとても大切なのですが、そればかりという感じで偏りがあります。さらにテレビの視聴習慣について聞いても、そもそもあまり観ていないか、観ていたとしても、ニュースやドキュメンタリーが中心になっています。

その一方で、「涙を流している人たち」の多くは、よく小説を読んだり、映画やドラマを観たりしています。

これについても、因果関係は必ずしも明確ではありません。感情を揺さぶるものにふれて泣いているからメンタル面で健康に好影響を与えていると思う一方で（涙を流すとスッキリしますね）、心に余裕がないから、そもそも映画や小説にふれようという気持ちが起こらない、という側面があるのかもしれません。

いずれにしろ、私の経験では、涙を流す頻度や人数とメンタル不調者の発生割合を、職場ベースで調べてみると、負の相関があるとしか思えないのです。

論理的思考が重視される職場の欠陥

これは個人の嗜好が違うということだけではなく、職場における集団の空気も関係していると思います。具体的な社名などは紹介できませんが、「涙を流す人」が少ない職場は、そうでない職場に比べて論理的思考や知的なセンスが重視されている印象があります。

あまりに論理的思考を重視する環境ですと、「同じ時間を使って本を読むのに、小説など読んでどうするのか。役に立たないのでは」という考えが支配的になってしまうのかもしれません。

ところが本音では、どんな人でも、「涙を流す」機会、感情を揺さぶられる機会を欲しています。これを証明するように、実際に心が揺さぶられるような研修を私が実施すると、参加した方々から大きな反響を得られます。

たとえば、まる1日かけて、こんな研修をします。

ケーススタディとして、メンタル不調によって従業員が自殺を図ってしまった実際の話を取り上げます。そのとき、上司はどんなサポートをしていたのか、危険を示すサインなど、どのようなものに気づくことができたのか、何をすべきだったのか、何ができたのかといったポイントをこのケースに当てはめて考えてもらうのです。

論理的思考が重視される職場は、「系統立てて、理論的に考えましょう」と主張して、業務の内容や制度の欠陥ばかりを考える人が多いのが特徴です。

社内の制度として従業員に対するサポートが足りなかったのではないか。周囲の社員からの報告システムを違った形にしておけばよかったのではないか。社員の心の管理システムをつくったほうがいいのではないか……。そういった指摘が相次ぎます。

そのあと、私がこれまでカウンセリングをしてきた経験から、「こんな言葉をかけたらどうだったでしょうか」「こんな言葉が不調の原因になったのではないでしょうか」というふうに、心の側面に焦点を当てていきます。すると、心の問題についてなのに、業務として頭で考えようとする「問題解決思考」しかなかったことに、多くの人が途中で「はっ」と気がつくわけです。

「もっと部下の気持ちを感じなければいけなかった」「この言葉にはそういう意味があったのか」。そうしたことに思いを馳せられるようになると、業務やシステムの問題ではなく、「人を見ること」の大切さに気がつきます。そこで初めて、「心が動く」体験が得られ、自らの情動に訴えかけることができるのです。

「頭のいい人」がそろうと、メンタル不調が起こりやすい？

知的労働に携わる職場の方々の多くは、自分のことも、他人のことも、どうしても理詰めで考えようとする傾向が強くなります。それが行き過ぎると、かえってメンタル不調者が多く生まれてしまうことにもつながります。私も、そうした例を数多く見てきました。

あえて乱暴な表現をすれば、「頭のいい人」がそろっている職場ほど、メンバーのメンタル面での問題が多くなる傾向があるのです。

一般的には、「お前、なにやってんだよ！」とか「頑張ろうぜ！」と、お互いにはっぱをかけ合うような「体育会系」の組織のほうが、メンタルなタフさが求められるイメージがあるかもしれませんが、こうした組織で多くの人が不調になるかと言えば、意外とそうでもありません。

最終的に理屈ではなく、誰かが困っているときに、「俺にまかせろ」という文化があるかどうか。それがある組織では、心が折れてしまう人があまり発生しないのです。

人間は、心が健康な状態であれば、喜怒哀楽について、適度な感情の起伏があるものです。しかし、「頭のいい人」がそろう職場では、感情を露わにすることが、何か恥ずかしいものと認識される傾向があります。

社員のメンタル面をケアする社内の制度がいくら整っていても、かえって組織的にルールが厳格すぎたり、官僚的なシステムで融通がきかなかったりするほうが、メンタル不調につながりやすいという面もあります。

なぜか。これを「頭のいい人は、冷たい、他人を思いやる能力に欠ける」と考えてしまうのは、あまりにステレオタイプで公正ではありません。むしろ、なんとか問題を解決してあげたいという意識があっても、アプローチを間違ってしまっているケースが多いのだと思います。

心の問題に「正解」はない

こうした知的労働の職場の人が陥りやすい間違いは、「こうすればいい」という「正解」を求めてしまうところにあります。ところが、説明するまでもありませんが、心の問題は論理で割り切れるものではありません。

メンタル不調を抱える人は、「正しい解決策」を欲しているのではなく、まず「このつらい気持ちをわかってほしい」と感じているのです。

それなのに、「現状はどうなのか」「その経緯はどうなっているのか」「そこであなたは何をしたいのか」「お客様との関係はどうなのか」と質問を矢継ぎ早に投げかけ、「こういう状況で解決するには、この方法がいい」と、コンサルテーションをしてしまう。メンタル不調者が求めていることと、周囲が与えるものの間に大きなずれがあるのです。

心の問題を抱えていそうな人がいたら、理詰めですべてを解決しようとするのではなく、当初は「お前も大変だよな」と寄り添ってくれる空気をいかにつくれるか。

さらに、周囲は寄り添って悩んでいる人の話を聞き、解決策を示すだけではなく、最終的に手助けをしたり、手を差し伸べたりすることができるのか。

それができるかどうかが、職場内で解決できる問題にとどまるか、あるいは不調になってしまうのか、大きな分かれ目になってくるのです。

労働時間と心の健康の関係は薄い

従業員、とくに若者を酷使し、使い捨てにする。そんなひどい企業の実態が、「ブラック企業」として話題になりました。その結果、長時間労働と不規則な勤務形態は、うつ状態などのメンタルの不調に直結するという認識が広まってきました。

ところが、長時間労働は、直接的にはメンタル不調の原因ではないかもしれないと言われると、皆さんはどのようにお感じになるでしょうか。

おそらく多くの方は、「何を乱暴なことを言うのだ」と、お怒りになるかもしれません。それほどブラック企業というのは、社会的にも大きな問題です。

もちろん従業員の健康を守るという意味では、職場の過剰な残業体質は改めなければなりません。これは医学的な知見からも裏づけが出ています。時間外労働が月に100時間以上ある場合、脳卒中などの脳血管疾患や、心筋梗塞などの虚血性心疾患の発症との関連が強いとされているからです。時間外労働が月45時間以上になるくらいから、徐々にその関連性が強まるとの知見です。

厚生労働省も、過重労働対策として、この労働時間を重視しています。時間外労働が月100時間を超えて、なおかつ社員が面接を申し出れば、医師面接をする義務を負うようになりました。このようにして、労働安全衛生法が改正されることとなりました。

ところが、ことメンタル面の健康というポイントから考えると、労働時間を短くすればいいのかというと、そうではありません。

もちろん、労働時間の長短と身体的な影響とは明らかに関係があります。しかし、私自身は、これまで多くの不調者の方々と話してきた経験から、長時間労働自体は、メンタル不調の「1つの要因」にしかすぎないと確信するようになりました。つまり、長時間労働イコール不調の原因ではなく、その根底にある、「仕事との向き合い方」「仕事に対する意識のあり方」が根本的に重要なのです。

私がカウンセリングを担当した、あるテクノロジー関連の企業でも、労働時間はおしなべて長かったのですが、同じ条件で働いていても、不調になる人と、ならない人が出てきます。

こんな例がありました。Aさんは月120時間の残業をこなしても、まったく問題が起こらなかった一方で、Bさんは月80時間でメンタル面の不調を抱えてしまいました。これを見て、周りの社員たちは、「Bは、心身が弱いから不調になった」と考えていました。

はたしてそう単純に割り切れるものか。疑問を感じた私は、Bさんとのカウンセリングなどを通じて、不調の原因を突き詰めていきました。すると、労働時間とも、またBさんのパーソナリティとも関係のない本当の原因に突き当たることになります。

長時間労働の場合、不調になるか、ならないかを分けるのは、「仕事そのものを楽しいと思っているかどうか」が重要な要素になります。つまりシンプルに表現すれば、その仕事を好きか、嫌いかが、大きく関係してくるのです。

このケースでは、Aさんは好きな仕事なため、「楽しい、完成度を上げたい」という意識が強く、それほど労働時間が長いと感じていませんでした。反対に、Bさんは、望まない業務を担当していたため、やりがいを感じられず、働くことそのものが苦痛だったのです。

好きなことは、誰でも没頭することができます。そのため、時間があっという間に過ぎていきます。反対に、嫌な仕事だったり、「やらされ感」が強かったりすると、とてつもなく時間が長く感じられます。皆さんにも経験があるはずです。

没頭して時間がすばやく過ぎ去ることを、心理学用語で「フロー」と言います。フローの状態であれば、長時間にわたって働いても、心理面ではさほど苦痛とは思いません。

また、「やらされている状態」ではなく、積極的に仕事に関与していることを「ワークエンゲージメント」と言います。その対極にあるのが、「燃え尽き」を指す「バーンアウト」ですが、同じ長時間労働でも、どのような心の状態で仕事に向かっているかによって、メンタル面に与える影響は大きく違ってくるのです。

「仕事量を減らせば解決」するわけではない

たとえば、趣味やスポーツなど、自分の好きなことを思い浮かべてみてください。私はスキーが大好きで、もっとうまくなりたい、競技会でもっと順位を高めたい、と学生時代から思っていました。

朝8時半にリフトが動く時間から滑り始め、午後4時半まで続けていても、時間が足りず、夕食のあともナイターで滑りました。その時間は私の中では「フロー」なのです。スキー以外のことは考えないし、楽しくて仕方がない。そのような滑り方で毎日でも滑っていたい。ちなみに多いときで年間の3分の1程度、滑っていた時期がありましたが、その120日間は幸せの毎日でした。

これが、スキーが嫌いな人がゲレンデに連れてこられたらどうでしょうか。寒いし、足は痛いし、疲れるし、うんざりするでしょう。それを3日も、4日も続けるのかと思うと、とてつもなく長い時間で、地獄のように感じるかもしれません。

労働時間が多少長くても（あくまで多少です）、職場の環境や仕事の内容、自分が果たしている役割によって、「ワークエンゲージメント」の質が変わります。そして、仕事でフロー状態になれば、基本的にはメンタル不調になるリスクはそう高くはありません。それどころか、「もっと仕事をしていたい」と思うかもしれないのです。

いわゆるブラック企業で、メンタル面に不調を抱える人が多く発生してしまうのは、もちろん過剰なノルマや限度を超えた仕事量など、それ自体も大きな要因ではあります。すぐに是正しなければいけません。

さらに言えば、社員を搾取の対象としてしか認識していないような会社だから、こなしきれないほどの仕事やノルマを押しつけて、長時間の労働を放置している、場合によっては法外な残業を無理強いしていたりもするのでしょう。

ただし、繰り返しお話ししたように、仕事量だけを減らせば、それで問題が解決するわけではありません。社員が仕事にやりがいを感じていないという状況を是正しない限りは、その職場では、メンタル面の不調者は出続けることになってしまうのです。

リストラが先か、メンタル不調が先か

終身雇用がうたわれていた日本の企業も、長期低迷の影響を受け、リストラが一般的になってきました。リストラが相次ぐ職場などでは、やはり従業員のストレスが積み重なっています。

そもそも、リストラを始めるということは、経営判断としてかなり深刻な状態です。そこに至るまでに、すでに業績は長く低迷し、経営環境は非常に厳しかったはずです。

では、そういう厳しい状況にある会社では、社員のメンタル面にはどういう影響があるの

でしょうか。私は、この10年ほど、4つから5つ程度の項目を挙げて、イエスかノーかで答えてもらうよう、さまざまな会社でヒアリングを進めてきました。

- **社員間のコミュニケーションが少なくなっている**
- **社員同士の助け合いが少なくなっている**
- **上司が部下を育てる余裕がない**
- **仕事の意味を考える余裕がない**

などです。これらについて聞いていくと、業績が悪化している会社では、イエスと答える人が多くなります。

調子の悪い会社では、当たり前ですが、経営者からの要求は厳しくなりがちですし、顧客への無理な営業なども広く行われるようになります。また新しい人員の採用も控えて人手不足に陥っていたり、経費のカットも進みます。

こうした状況にあれば、社員の心がギスギスして、すさみやすくなってしまうのは、誰でも想像できることです。社員同士のコミュニケーションや助け合いが機能しなくなれば、先にも説明したように、仕事やプライベートに行き詰まりを感じている人が、その重荷を1人で背負い込んでしまい、メンタル面で不調を抱えるリスクが高まります。

つまり、リストラが行われるような会社では、それ以前から長く社員の心が痛んでいる可能性が高いわけです。

会社の業績には、社員1人ひとりの頑張りが大きな影響を与えるものですが、やはり経営者の経営判断、意思決定に負うところが大きいのは間違いありません。ですから、社員の心の健康を守るという面でも、経営者の責任は非常に大きいのです。

「業績絶好調なのに不調者続出」の会社の実態

では、「業績」という側面にもっと注目して、右肩上がりで成長している会社は、不調者も出にくいかというと、それもそうではありません。

私が研修を行った、IT系の対照的な2社がありました。両社ともシステム開発を手がけているので、顧客の職場に常駐したり、時間外労働があったりと、仕事環境はよく似ていました。

ただ、2社は社長の考え方が大きく異なります。A社は「社員を大切にする」、B社は「業績を上げて、採用人数を増やす」というスローガン（経営理念）を掲げていました。

A社は社員に対して、まる1日単位のメンタルヘルス研修の機会を設けて、管理職向けのラインケア研修や、一般従業員向けのセルフケア研修を行ったり、傾聴力、自己表現力、モチベーション・マネジメントなど、応用編の研修を続けたりしています。そして社長自ら、ほかの社員たちとともに研修を受講しています。

そんなA社は社内のコミュニケーションが活発で、社員からは「社長や取締役と直接話す機会が多い」「どの先輩も、質問をすれば丁寧に教えてくれる」「人間として成長できる環境が備わっている」といった声が聞かれました。

このA社は150人規模の会社ですが、不調による休職者が年に1人ぐらいしか出ません。

一方、B社は「会社の業績アップ、規模の拡大」を重視しています。従業員はそれぞれ忙しく、自分のことで精いっぱいです。そういう事情もあってか、「仕事のことを相談できる人がいない」という声が出ていました。

B社はA社より規模が大きい300人程度の従業員を抱えているものの、結果的に、不調で会社を休む人が年間10〜20人いて、全体の従業員数で換算しても、不調者の発生率はA社の5倍、10倍の水準になっています。

つまり、社員のことを省みずに、あまりに業績、成長を追い求めすぎている会社でも、その職場の中では、社員は心の健康を害するケースがあるわけです。

やはり、社員の心の健康を守るという意味では、経営トップの意識がどこに向かっているのかが重要です。

A社の場合は、トップ自らが研修に参加するなど、メンタルヘルスケアに積極的な姿勢を示して、会社を引っ張っています。

そのためなのか、A社は、B社に比べて離職率もかなり低い数字を示しています。これは働きやすい職場か、そうでないかを端的に表す指標です。

いくら業績が良好でも、成長率が高くても、社員が長く働き続けたいと思えない会社には問題がないのか、という視点が重要になります。

昭和的な「いい会社」で、社員はやる気になるのか

ただし、業績という側面についても、さらに深く追究してみると、このA社とB社を見る目に違った視点が生まれるかもしれません。

現代のネット社会では、企業の評判も瞬く間に広がっていきます。たとえば転職サイトなどをのぞいてみると、ある会社の待遇、社風、さらには将来性などについてまで、内部の人が事細かに書き込んでいたりします。

社員のことよりも、成長を重視する会社であれば、その評判もすぐに広まります。一方で、働きがいのある環境を提供している会社についても同様です。その場合、どちらに優秀な人材が集まりやすくなるでしょうか。

これまで、日本ではこのB社のように、大きな利益を上げて成長し、社員の給料もボーナスも右肩上がり、さらに会社組織が拡大するのでポストも与えられるのが「いい会社」と思われてきたきらいがあります。

しかし、昭和的な「いい会社」というだけで、社員のモチベーション（動機）が上げられるかは疑問です。

モチベーションが生まれる源泉には大きく2つあります。外側から与えられるもの（外的な動機付け）と、内側からあふれて出てくるもの（内的な動機付け）です。

外的なものとしては、具体的には職場の環境、作業状況、待遇、昇進などを挙げることができます。

これに対して、内的なものは、仕事が好き、達成感や満足感がある、仕事の意義を感じる、自分が成長できる、なりたい自分に近づけるというふうに、自分の中から生まれてくるものです。

この2つを比べると、内的な動機付けのほうが、はるかにモチベーションに強い影響を与えることがわかっています。

働かないシニアはどこでモチベーションを低下させたか

多くの企業は、「外的な動機付けを整備しよう」と努力しているものの、好きな仕事をしているのか、仕事に没頭できるか、という内的な要因にアプローチしたほうが、従業員のモチベーションは高まります。

もちろん、だからといって、外的要因を軽視していいわけではありません。地位が上がり、大きな責任を負う仕事を任されるようになると、モチベーションが上がりやすいという相関は指摘されています。

高度成長時代は、従業員も、「会社のために頑張れば、将来部下をたくさん従えてポジションが上がり、会社から処遇の面で裏切られることがない」という安心感がありました。

さらに、高度成長時代は、現在に比べれば競争も厳しくはなかったため、心の余裕が生まれやすいという側面もあったかもしれません。

ところが成熟社会で、経済も低成長が当たり前になっている今、外的な動機付けはかつてのようには機能しなくなってきました。

戦後の日本企業の給料の仕組みは、一般的に、働きざかりは成果に対して賃金が低く抑えられ、ベテランになると働きよりも多くのお金をもらえるというものになっていました。

これは、人員を確保するのが難しい成長の時代では、なるべく社員に長く会社にいてもらうという観点から、とても合理的な仕組みです。なぜなら、若いうちに会社を辞めてしまうと、金銭的に損をしてしまうからです。

ところが低成長時代に入ると、会社は金銭面で年功型の給与システムに耐えられなくなってきました。そのため、若いときに給与を低めに抑えられた人がベテランの域に達しても、高い給与を払えなくなっているのです。

これでは「尽くしても、会社に処遇されない」「若いときはこき使って、それに報いてくれないのは約束違反ではないか」という不満を抱える人が多くなるのも当然です。最近よく話題になる「働かないシニア」という問題には、こうした事情によってモチベーションが下がっていることも背景にはあるのでしょう。

企業が生き残るだけでも厳しい現在は、多くの組織から余裕が失われ、働きがいを維持するのはさらに難しくなっています。だからこそ、社員が内的な動機が得られるように、しっかり会社がフォローしていく姿勢が求められているのです。

悪者にされがちな成果主義

昨今は「成果主義」を採用する企業も増えました。個人の業績を評価し、社員の処遇や給与を連動させるのですが、そのシステムこそが、メンタルに不調をきたす原因になっているのではないかという批判もあるようです。

これには思ったような成果を得られないときに、従業員のプレッシャーが増大してしまう側面がある、という見方が背景にあります。

ところが、私は産業カウンセラーとして、さまざまな会社の多くの方の相談に乗っていますが、「成果主義」というシステム自体が、メンタル面で問題を引き起こす直接の原因になっているとは考えられません。

これは断言してもいいのですが、「成果主義」自体は悪い制度ではありません。頑張った分だけ報酬が上がるというのは、外的な動機付けを満たすことにつながるからです。

さらに、頑張って成果を上げれば、会社がきちんと評価してくれるというのは、「頑張りをきちんと見てくれる」という社員の安心感にもつながりますから、ある意味、内的な動機付けにもつながるわけです。

では、成果主義のどこに問題があるのか。それは多くの会社で、社員の働きをフェアに評価できていないこと、あるいは、制度の導入の動機が、単に人件費をカットするためになってしまっていることです。

成果主義をきちんと機能させるためには、しっかりとした評価制度をつくることがカギになります。評価の基準に透明性を持たせ、全社員に見えるようにする。1人ひとりの部下を上司が適切に見て、それを適切に本人にフィードバックすることが大切になります。

もちろん、成果主義の「評価」は人間がするものですから、誰が見ても公平・公正などということはありえません。どんなにきちんと制度を運用しても、誰かしら不満を持つことになります。

ですから、大切なのは「会社は、引き立てようとする社員の評価は甘くして、上にたてつく社員の評価は厳しい」などと、社員が評価基準そのものに不信感を抱くような状況をいかに避けられるかです。多くの社員が制度に不満を持つから、うまく機能しないのです。

さらに、ノルマの達成具合など、結果に対して評価をするのが成果主義の本質ではあるものの、そのプロセスに対してもきちんと評価できる仕組みにしなければなりません。

多くの会社では、若手社員は、自らの仕事を選ぶことはできません。上から与えられる場合がほとんどです。そのため、「彼の仕事は成果が上がりやすい」「自分の担当は、頑張っても大きな成果に結びつかない」といった不公平感を抱く人が増えると、やはり職場の空気は悪くなり、社員は仕事に対するモチベーションを下げていきます。

ですから、頑張りに対してなど、プロセスの評価はベテラン社員よりも若い社員ほど、割合を大きくすべきです。実際、多くの会社では、若手のうちはプロセス評価が成果の評価よりもウエイトが高く、ベテランになればなるほど、成果を厳しく問われるように制度が設計されています。

いずれにしても、成果主義を採用するならば、それをうまく有機的に使っていけるかどうかです。賃金カット、人件費抑制のためだけに導入すれば、失敗するのは目に見えています。

給料大幅ダウンが、上司面談で致命傷に

ここで、成果主義による給料ダウンそのものではなく、それに伴う上司との面談が致命傷になってしまった事例を紹介します。

某企業A社は前年度の業績が振るわず、大きく減収・減益となりました。社員のBさん自身も当初設定した自分の目標を大きく下回る状況の中、来年度の目標設定・年俸交渉の面談を行う日となりました。

面談の冒頭、いきなり上司から「来年度の年俸は○○万円ダウンでいくから」と大幅な年収ダウンを告げられます。

Bさんは自身の成果もあるため、それなりの覚悟で面談に臨んだのですが、ダウン額が想定の倍以上だったため強いショックを受け、言葉を失ってしまいました。これでは生活が回らなくなってしまいます。

頭の中には、さまざまな出費がすさまじい勢いで浮かんできたそうです。長男の大学の授

業料、長女の予備校、車の修理費用、故障した冷蔵庫の買い替え、そして……。

実は、がん検診で腫瘍が発見された奥さんが検査入院していたのです。奥さんになんて言ったらいいのか。情けなさと惨めさと不甲斐なさに押しつぶされそうな気持ちを必死にこらえながら、上司にこう訴えました。

「会社の業績が良くても、成果が低いときに給料を大きく下げられ、自分の成績が良くても会社の業績が振るわなければ大きく下げられました。今回は会社、自分ともこんな調子なので、それなりの覚悟はしていましたが、それにしても、ここまで下げられるのは……」

まだBさんの話は終わっていなかったのですが、上司から遮られてしまいます。

「ぐちゃぐちゃ言ってるんじゃないよ！　ろくすっぽ成績も上げられないやつが」

その後、成績の悪さを延々と叱責され、面談交渉は終わってしまいました。

さらに来年度の目標は通常の金額プラス、前年度の落ち込み分を付加する金額となり、とうてい達成不可能なものに設定されてしまったのです。

この会社において、面談交渉とは名ばかりのもので、実は上司も年俸を提示するだけの役割しか与えられておらず、交渉の余地がまったくなかったのです。ただ叱責されるだけの場でした。

Bさんは、成果主義による年俸制が導入されてから、一貫して年収が下がり続けていました。会社の業績も良好で、なおかつ本人の成果も目標達成した年度であっても、「もともと君の年収は高いから」という理由で下げられてしまったこともあります。

この会社には、まともな評価制度もなく、したがって社員の納得性も低く、会社への不信感と上司への怒りしかそのときのBさんにはありませんでした。

社員は、会社の業績と自分の成果との兼ね合いから、だいたいの年収額は予想していたり、何とか落としどころを探りながら、面談を乗り越えていこうとしているものです。

しかし、この面談からは希望や期待などは微塵も感じられません。大きな挫折感しかなかったでしょう。こうして、Bさんの心は折れてしまったのです。

成果主義が社員を無気力にさせるのはなぜか

紹介したのはとても極端な事例ですが、ここで人件費カットだけを目的に成果主義を導入している会社における、全体の業績と個人の業績の関係を4つのパターンから考えてみます。

① 会社の業績がアップ、社員の業績も良好⇓給料アップ
② 会社の業績がダウン、社員の業績も悪い⇓給料ダウン
③ 会社の業績がアップ、社員の業績は悪い⇓給料ダウン
④ 会社の業績がダウン、社員の業績は良好⇓給料ダウン

いかがでしょうか。4つのパターンのうち、3つが給料ダウンです。これでは社員はとうてい納得などできません（先のBさんの会社の事例では、①ですらダウンでしたが）。

せめて、④の状況のときに、「会社は苦しいけれど、あなたは頑張ってくれた」と給料を多少なりとも上げてもらえれば、成果主義もある程度は機能しそうなものですが、人件費カットを目的として導入するような会社は、おおむね業績が悪化していますから、どんなに頑張っても給料が上がることはありません。

せいぜい、給料のダウン率がほかの社員よりはいくらかマシという程度にとどまります。

すると、人件費の抑制効果よりも、「頑張ったって、ムダだよ」「どうせうちの会社は社員のことなんて考えないよ」という社員のモチベーションのダウンによる生産性低下の影響が大きくなり、業績悪化を招いてしまいます。

この「頑張ったって、ムダだ」「どうせ社員のことなど見ていない」という意識が広がると、当初は会社に対して怒りを覚えていた社員が、次第に無気力になっていきます。

恐ろしいもので、無気力は怒りよりも組織の活力を失わせていきます。怒るというのは、なにかしら対象に対して期待を抱いていて、それが裏切られたという感情ですが、無気力は、もはや期待などまったくしていないという状態だからです。

この無気力状態というのが、つまり「心が折れた」ということです。

ですから、成果主義を導入する際には、うまく運用できれば社員のモチベーションを上げられるけれども、導入の動機を誤れば、また使い方を間違えれば、かえって会社の業績の悪化にもつながりかねないと考える必要があるのです。

教師の不調は、モンスターペアレントのせいだけではない

ここまでは、業種や職種を超えて、どういう職場でメンタル不調が出やすいのかについて、

焦点を絞って解説してきました。では、特定の業種や職種について見てみると、メンタル面では何かしらの影響、特徴があるのでしょうか。

明快なデータに基づいて判断したわけではないので、あくまで経験に基づく印象論でしかありませんが、私は影響はあると考えています。

たとえば、教育現場で今、不調を訴える教師が増えています。退職者も多くなっているようです。実際に、私も教師の方々をカウンセリングする機会があり、その大変さはある程度は理解しているつもりです。

現実に、教師の負荷が高まっていて、業務に関わる時間がたいへん長くなっています。部活動の指導は基本的には無償で、週末も練習や試合があったりして、多くの時間を指導にあてることが多いようです。

もちろん、教師になる方は、教育という仕事に対する使命感、プライドをもともと強く持っているので、自らの指導が生徒の成長や活躍に結びつけば、それが喜びにつながり、モチベーションの源泉にもなります。

そうした事情はありながらも、やはりあまりにもプライベートの時間が持てず、強いストレスを溜めている方も多いと聞きます。週末の部活動を制限するという話が取り沙汰されているくらいです。

そのうえに、モンスターペアレントと言われる保護者たちの苦情にも、日々忙しい中で対応しなければいけなかったりします。

私が聞いたモンスターペアレントやクレーマーの問題はとても深刻でした。学校に対して、度を超えた要求をしてきたり、ささいな事案で教師が罵声や叱責を浴びるということも多くなってきているようです。

たとえば、受け持ちのクラスで給食費を払ってもらえず、仕方がないので、自宅を訪ねて説明をすると、「ないものは払えない」と言われ、「そうはいかないので」とお願いすると、すごい剣幕で言い返されたりする……。

こうした状況に置かれているから不調になる方が多い。そう一般的には思われているでしょう。ところが、これが本質的には違うのです。

1人でトラブル対処にあたる職業は要注意

正確に表現すれば、こうした状況は遠因にはなっているものの、私が知る限り、それとは違う要素が、多くの教師の方のメンタル不調を招いているのです。

現場の先生方は、皆さん、こうした勤務条件や保護者の問題を経験しており、いわば「当たり前」の状況です。その中で、不調になる人と、ならない人がいます。

現場の教師が問題に直面した際には、「私は今、こんなことで困っています」と、学年主任や教頭など、上司にあたる人に相談をします。

そのとき、「それでは一緒に解決策を考えていこう」、さらには解決策を提示しても事態が好転しない場合、「今度は自分も一緒に行くようにする」という反応が得られていれば、不調にはつながりにくくなります。

それが、「あなたのやり方が悪い」とか、「もう1回行ってこい。それがあなたの仕事だ」というように、突き放されてしまうと、行き場がなくなり不調になってしまう。そういうケースがかなりの割合で目立つのです。

こうした「任されっぱなし」「放りっぱなし」で、完全に1人で対処しなければいけない状況に追い込まれることがメンタル不調になってしまう直接的な原因になっています。

教師というのは、基本的に、生徒に対しても、親に対しても、1人で向き合わなければいけない厳しい職業です。

そこで、悩みや問題が発生した際に、周囲の同僚や上司の中に、寄り添ってくれたり、自ら手を差し伸べて問題解決に直接的に関わってくれる人がいるかどうかです。また、悩みがあっても1人で抱え込まないよう、相談しやすい空気があるかどうかも重要な要素です。

これは心の折れる職場の問題と、本質的にはなんの変わりもありません。

医療現場の不調を生みやすい構造

私がカウンセリングをさせていただくケースには、看護師の方も目立ちます。病院の現場も、不調を生み出しやすい構造があると思います。

病院は、医師が絶対的なトップとしての地位を占め、その言葉は従うべきものです。その事情をよくわかっていて、長年勤め上げている看護師長は「それは仕方ない」ということが身についているのですが、新任の看護師にとっては、現場の患者さんと、医師の指示との板挟みになることがあります。

実際に、私が聞いた事例があります。入院している患者が夜中にベッドでボタンを押して、痛みや苦しみを訴えました。看護師は夜中の2時、3時でも、「どうしましたか?」と、飛んでいって対応します。

「寝る前にもらった薬が効いていないようで、苦しくなっています。どうにかならないでしょうか」

これを聞いた看護師が医師に確認をとると、「それは大したことではないから、対応しなくていい」と言います。看護師は患者のところに戻って、

「先生はこのままで大丈夫ではないかとおっしゃっているので、安心してください」

と伝えます。しかし、患者さんの苦しみはひどくなるばかりで、何度も呼び出される。しかし、医師は対応してくれない。なかには、夜勤の仮眠中の医師から「その程度のことでわざわざ起こすな」と怒鳴られてしまうこともあるのだそうです。

こういうときに、看護師は行き場のない怒り、やり場のない悲しみを覚え、この感情の蓄

積が不調の原因になることがあります。

「人を助けたい」が、ぶつかってしまう壁

一般に医療業界は時間外労働も多く、夜勤もあり、患者からのクレームも最近は声が大きくなっているケースが増えています。入院患者の中には、個人的な買い物さえ看護師に頼むこともあるそうです。

その過酷な勤務状態や、クレームの数、医師と患者との間の板挟みは多くの現場で見られることですが、そこで心が折れてしまう人というのは、やはり教師のケースと同じように、「行き場のない状況」を抱えている人たちです。

自分の悩みを「誰にも相談できない」というのが不調につながりやすい環境です。理解のある医師や先輩の看護師、あるいは看護師長などがいて話を聞いてくれたり、つらさに共感してくれたりすれば、そこでまた頑張ろうと思えます。ところが、こうしたサポートが得られる環境ばかりとは言えません。

そのため、自ら勤務時間外に研修に参加される看護師さんも多数います。やり場のない怒

りのための「アンガー・マネジメント」（怒りをコントロールする）や、自分の思いを医師に伝えるための「アサーティブ」（主張）の研修に参加したりしています。

あるいはモチベーションが下がり続けて困っていれば、「モチベーション・マネジメント」（やる気をコントロールする）の研修に出てみたりして、苦しい中で、何か突破口はないかと、模索しているのです。

もちろん、医師もとてもハードな仕事ですが、医師は医師同士で相談することが多く、研修などで私たち産業カウンセラーと悩みを直接話すことはほとんどありません。ですから不調者についての実態を把握できない部分もあるかと思います。

看護師は「人の助けになりたい」「支援をしたい」という志で仕事に就く人がとても多い職業です。それなのに、思うように自分の役割が果たせていないことで、壁にぶつかってしまう。それがメンタル不調に結びついていく側面があります。そこで悩みをわかってもらえる存在が、看護師を束ねている看護師長さん、つまり直属の上司になるのでしょう。

「昨日の夜は大変だったみたいだね」と状況を聞いてくれたり、「あの患者さんに何かあったら、私から先生に言ってあげるから」と状況を理解してくれ、最後の場面での手助けを惜しまない上司がいる――。

これが看護師の方のメンタル不調者を出すかどうか、大きな違いとなっているようです。

介護業界でも同じことが言えます。ある介護施設の責任者によれば、介護士を束ねる介護士長によってメンタル不調者の数が大きく違うのだそうです。

ある介護士長のもとではほとんど不調者は出ず、離職者も多くなく、業務上のミスも少ない傾向にある。ところが特定の介護士長のもとで、不調者、離職者、業務上のミスも多くなっていると言います。

この傾向は偶然ではありません。それぞれの介護士長が職場を変わった場合、異動先でも2〜3年経過すると、その傾向が再び現れ始めるそうなのです。

では、違いは何か。大きなポイントはたった1つ。不調者を出さない看護士長は、ことあるごとに「あの件は大変だったね」「あれはうまくいった?」「うまくいかなかったら、また相談してね」など、大変な状況を1人に任せきりにせず、自分のことのように気にかけているのです。

そうすることで、2人だけの信頼関係にとどまらず、その雰囲気、人間関係がほかの介護士にも好影響を与え、職場の介護士同士も同じような声かけが起こり、サポートし合う環境になるとのことです。

このように、チームとして支え合って最善を尽くすことができるのか、あるいは、最後の最後まで大変なことを一人で背負わされてしまっているのか、その違いだけなのです。

異動や担当替えが多い会社は、心が折れやすい

人事異動や昇進・昇格、また降格などがきっかけとなって、メンタル不調に陥ってしまうケースというのは、よく聞きます。これは、新しい人間関係を構築しなければいけない、さらには大きくなった責任が重荷になるなど、さまざまな理由が取り沙汰されています。

しかし、私がカウンセリングしてきたケースで、もっとも多い事例では、新たな仕事に従事することによって、これまで培ってきたスキルや知識が使えなくなる、という面が大きな理由になります。つまり能力が使えなくなってしまうことによる、新しい職場への不適応という問題です。

あとに詳しく説明しますが、自分の能力が不足しているために仕事ができていないと自覚するのは、メンタル面では非常に大きなリスクとなります。ですから、異動が頻繁にある会社、業務の担当替えがしょっちゅう行われる会社は心が折れやすいという側面があるかもしれません。

その点から、カウンセリングをさせていただくケースとして目立つのが、公務員、特に市役所など地方公共団体で働く方々です。

なぜ異動で公務員は不調になり、銀行員はなりにくいのか

公務員と言えば、安定している職業の代表で、民間企業のような競合との熾烈な生き残り争いなどがないため、メンタルの問題は起こりにくいと考えている人が多いようですが、実際には、問題を抱えている方が非常に多くいます。

たとえば役所などでは、異動希望の制度があるところがあり、毎年希望を出せる場合もあります。たとえば人間関係がうまくいかなかったときなど、この制度を活用して環境を変え

ることができる、一見すれば理想の制度のようです。

ところが、仕事の専門性が深まらず、「自分の仕事とは、そもそも何なのだろう」と本質的な悩みを抱えてしまうケースも起こります。

たとえば戸籍の管理を担当していた人が、土木や税務の部署に配置されたりする。そうすると、あまりに業務内容が違ってしまい、メンタルに不調を抱えてしまうのです。

ある程度、異動の頻度が高くても、キャリアアップを図れる環境ですと、また話は変わってきます。たとえば金融機関です。

金融機関というと、厳しいビジネスの代表で、バブル崩壊後はますます競争が厳しくなっているため、メンタル面でも大変なのだろうというイメージが浮かびます。

ところが、もちろん金融関係の方にもメンタル不調になる方はいて、それ自体は深刻な問題ではあるのですが、原因として挙げられるものは、一般企業と大きく変わりません。

金融機関は、顧客との癒着が起こらないように、転勤や異動が多いのですが、たとえば融資の業務なら、支店が変わっても同じ体系の仕事が継続していくケースも珍しくはありません。

そうすると、新しい環境が続いても、スキルは根本的には失われないため、異動そのものが原因となって不調にはなりにくいものなのです。

SEが心に問題を抱える意外な理由

スキルの不足という意味で考えると、システムエンジニア（SE）など、テクノロジー関連の技術者の方のカウンセリングを担当することもあるのですが、これには一般的な誤解が多分にありそうです。

SEは、世間的にもメンタル面で問題を抱える人が多い仕事という認識があると思います。これは私の実感でもそのとおりなのですが、その要因についての理解が、おそらく間違っています。

プロジェクトの進行によって、長時間労働を強いられる、終日、PCに向き合わなければならず、ストレスが高まる……こういった状況がIT関連の開発現場にはあるため、それが理由となってメンタル不調を発すると思われる方が多いと思います。それはそれで、問題になっているケースはありますが、実際の問題の本質とは違うのです。

私の知る限り、SEの方々がメンタル面で問題を抱える際に、原因となるのは仕事の内容面であることが圧倒的に多いのです。

つまり、業務上で求められる技術水準にまで達していないことからもたらされるストレスやプレッシャーによって、というケースが非常に多く見られます。

これに関する実例は、パーソナリティとも関連するので、あとに詳述しますが、テクノロジー分野はどんどん進歩していくために、勉強しても追いつかない。さらに、若手の技術者は次々に業界に入ってくるので、競争は厳しくなる。また、プログラミングなどは、知識量、勉強量だけではどうにもカバーできないセンスのようなものも、業務遂行上の影響力が高いため、それが備わっていないと自覚している人が心理面で追い込まれてしまうのです。

この例からも、働く人が心を痛めていく過程においては、環境や時間などの外形的な理由よりも、仕事そのものが大きな原因になっていることが理解できます。

2章

「アドバイス上手」な上司が部下の心を折る

なぜあの部署では不調者が続出するのか

前章では、どのような職場、どのような業種において、心が折れやすくなってしまうのかを説明してきました。

いずれのケース、状況についても共通して言えるのは、組織のメンバーの誰かが心の問題を抱えたときに、周囲がどれだけフォロー、サポートできるかによって、実際にメンタル不調につながるかどうかが分かれるということです。

しかしカウンセリングの現場などで実際のケースにふれてみると、本来、部下を助けなくてはいけない立場にある上司が、部下のメンタルに悪い影響を与えてしまっているケースがかなりの割合で発生しています。仕事の割り当て方、評価の仕方、心ないささいな一言……。

上司の言動によって、心が折れた、あるいは折れそうになったという経験は、組織で働いたことがある人であれば、多かれ少なかれ何かしら思い浮かぶはずです。

フラット化が進んだとはいっても、やはり組織には上下関係が存在しています。そこでは部下は上司には逆らえないという構造は昔と少しも変わりません。

すると、優位な立場にいる人の信念や人間観、具体的には仕事の進め方などが、部下のメンタル不調の直接的な原因になってしまうことが往々にして起こりうるのです。

実際、私が知る例だけでも、会社全体ではなく、ある特定の部署や職場において、あるいは特定のマネジャーの部下にメンタル不調が集中して発生してしまうというケースは、現実としてあります。

2人の部下を続けて不調にしたB部長

では、どのような上司が問題を発生させていくのか、事例をもとに考えてみましょう。これは、某企業で実際に起こった例です。

ある部署の、ある課長がメンタル不調になり、休職期間が長引きそうになったため、現場のマネジメントをする人がいない状況に陥ってしまいました。そこで、同じ部署のAさんが、課長代理としてその職にあたることになりました。

しかし、しばらくするとAさんも不調を抱えてしまい、私のカウンセリングを受けることになったのです。お話をうかがうと、Aさんがメンタル不調になった背景として、さまざまな要因が浮かび上がってきます。

そもそもAさんは現場志向が強く、マネジメントをすることを望んではいませんでした。以前の立場では、課長から指示を受け、現場との橋渡し役を担っていたのですが、自分で課の仕事の配分を決めたり、部下に指示を出すことが重荷になっていたわけです。

しばしば、「ストレスを感じるのは、命じられるばかりで、自由にものを考えられないからだ。裁量権を与えられると、人間は活き活きと働く」と考える人がいます。

これは間違いではないのですが、それも人それぞれということには注意が必要です。誰もが出世を望んでいるわけではなく、個人のパーソナリティによる、という面に着目しなければなりません。

Aさんの場合も、自ら望まない仕事をあてがわれたことによって、仕事に「やらされ感」が生まれ、メンタルに悪影響を及ぼしてしまったというのは、先に挙げた例と同じです。これは要因としては、とても大きかったと考えられます。

しかし同じ職場内で、課長、そして課長代理と2人続けてメンタル不調になってしまうのには、何か別の要因もあるのではないか。そう直感した私は、さらに深くAさんから詳しくお話をうかがいました。

すると浮かび上がってきたのは、「部長」を務めるB氏の存在でした。

「それはあなたの仕事です」、そのとき課長の心は折れた

B氏は、若い頃から仕事ができると評判で、いわゆるエリート街道を順調に歩み続けてきた人物。社内では「キレ者」として通っています。

Aさんは、慣れない仕事に戸惑い、何を、どう意思決定すればいいのか、毎日、迷うことばかり。そこで、上司にあたるB氏に、「この件は、どうすればいいのでしょう」と相談するのですが、答えは、「それは、あなたが考えることでしょう」。

経験もない仕事であるうえに、部長の冷淡な態度に途方に暮れながらも、Aさんは自分なりに考え抜いたプランをB氏に報告、承認を求めました。すると……、

「それではダメですね。考え直してください」

こう言われ、突き返されてしまいました。困ったAさんが、「では、どうすれば……」と再び聞くと、

「それを考えるのが、あなたの仕事です」と、とりつく島もありません。

AさんとB部長の間では、こうしたやり取りが延々と繰り返されたそうです。そうなると、Aさんの悩みは行き場がなくなってしまい、1人で背負い込むことになります。

この事案について、Aさん、また最初にメンタル不調になってしまった課長とも、それぞれメンタルが弱かったと断じてしまうのは簡単です。

しかし、そこで問題の根源を追究しなければ、Aさんの仕事を引き継ぐ人も同じような対応を受け、心が折れてしまうリスクは変わらないことになってしまいます。

やはり、部長であるB氏の考え方、また部下への接し方に問題があったのではないか、改善すべき点があったのではないかと考えるのが妥当だと思います。

何気ない一言が部下を追い詰める

ほめられればやる気が出て、ネガティブなことを言われれば悩みの原因になる。これは、

人間心理として時代が移っても変わらないでしょう。その意味で、上司が発する「言葉」は、部下の心の健康を維持するうえで、たいへん重要な意味を持ちます。

上司が、ほんの軽口のつもり、あるいは少し奮起をうながすつもりで発した、ささいな一言によって心理的にダウンし、ネガティブな感情が頭から離れないことがあります。

「最近、営業成績が下がりっぱなしだな、たるんでるんじゃないのか」

「去年入社したB君は優秀だよ。お前、10年選手なのに負けてるぞ。ま、才能の違いだな」

「あなたの作成する資料は間違いだらけですね。上へ提出する前のチェックが大変ですよ。もともと学生時代の国語の成績も悪かったんでしょうね」

口にした上司は、それほど深く考えていないのでしょうが（そもそも、きちんと考えられる上司は、こんな言葉を発しません）、部下の心は折れてしまいます。

このような話をすると、部下との対話に必要以上に慎重になってしまい、「部下に対してはネガティブな言葉は、発しないほうがいいのですね」と誤解される方がいますが、それも違います。部下が仕事をサボったり、失敗をしてしまった際には、きちんと指摘、指導するのも上司の重要な役割です。

問題は、部下が失敗した際など、ネガティブなメッセージを伝えなければいけないときに、それをどうフォローするか、できるかということです。この点において、「言いっ放し」のケースが多いので、部下の心は折れていきます。

部下の心を折った叱責と折らなかった叱責の一言の違い

ここで、私が実際に体験した事例を紹介します。

ある製造業の会社の営業部門に、30代前半ぐらいの社員が2人いました。仮にCさんとDさんとしましょう。2人は隣の部署で、業務内容はかなり近く、同じ時期に、同じようなプロジェクトで失敗をしてしまったのです。それぞれ上司から同じように厳しく叱責されました。

「なぜこうなるまで、失敗に気がつかなかったのか。今までかけた時間はどうする。どうやって責任をとるつもりなんだ?」

かなり厳しい言葉です。たいていの人は、上司からこんなことを言われたら、かなりのダメージを受けるのは間違いありません。

Dさんは、上司から叱責を受けてからしばらくしてメンタル不調となり、会社を休むことになってしまいました。

一方、Cさんは、このあともふだん通りに仕事を続けられたばかりか、以前にもまして汚名を返上しようと努力を重ねるようになったのです。

2人の置かれた状況には、どんな違いがあったのでしょうか。

このとき、周りの同僚たちは、「Dは弱い人間だから、不調になった」と見ていました。もちろん当事者のパーソナリティ自体も原因になるとは思うものの、私には、それ以外の要素があるようにしか考えられませんでした。

そこで、今度もさまざまな角度からカウンセリング、ヒアリングをしていくと、彼らの置かれた状況には本当にささいな違いがあったのです。

それは上司による、「ある一言」があったか、なかったかという違いでした。

Cさんは、失敗を厳しく叱られたあとに、上司からこんな言葉をかけられていました。

「C君がこの仕事を成功させようと今まで頑張っている姿を私は見ていた。残業もしていたし、わからないところは先輩に聞いていたよな」

この言葉をかけてもらったことで、Cさんは「自分の努力を見てくれていた」と理解でき、自らの失敗に正面から向き合うことができました。

「部下を叱らない＝メンタルケア」の勘違い

そもそも、最初から仕事をやる気がない人は、それほど多くはありません。それなのに、心が折れてしまう大きな原因の1つには、「自分の頑張りを見てもらえていない」と感じてしまうことがあります。

仕事で失敗をして怒られるのは、あくまで「結果」に対してです。「頑張っている姿を見ていた」というフォローの一言がなく、「どう責任をとるんだ?」で話を終えられてしまったら、Dさんは心の逃げ場がなくなってしまうのです。

「上司は見ていてくれた」というフォローがあるということは、努力のプロセスを認められたうえで叱責を受けていることになり、同じ叱られるのでも、その意味合いが大きく違ってきます。このあたりは、先に説明した、社員の評価の正しいあり方と共通します。

最近はとくに若い世代の社員に対して、「怒ってはいけない」という空気が広がっています。私が手がけている研修でも、「若い人を甘やかしては仕事が成り立たない。けれど、怒ることもできない。どうしたらいいか」といった相談を受けることもあります。

このような上司の悩みを聞いていると、部下に怒らない、厳しくしないことが、「メンタルケア」だという考えが独り歩きしている印象を受けます。

もちろん過剰になってはいけませんが、ある程度であれば、仕事上のミスを叱ったり、厳しくしたりしてもいいのです。肝心なのは、それと同時に「いい面も見て、本人にフィードバックしているか」ということに尽きます。

人は基本的に、「叱る」と「認める」のどちらか一方のストロークしか発しない人の言葉は、心を素通りしていきます。

日頃から自分のことを認めてくれる人から叱られると真摯に受け取ります。逆にいつも厳しい人から認められるとこのうえなく嬉しくなります。このバランスこそが大切なポイントなのです。

結果的には失敗してしまった。でも頑張ったところは見ていたと、認めてあげたり、相手の立場に自分を置いて、励みになる一言をかけてあげられるか。それが大きな違いになります。

もちろん、失敗したのにほめるだけでも不自然ですし、基本的には叱るところは叱る、同時に、認めるところは認めると、両方セットで伝えていくのが大事でしょう。

小さいお子さんであれば、たくさんできることを認めてあげたうえで、「今度はこうやろうか」と声をかけてあげます。新入社員には、「叱る」と「認める」のうち、「認める」を多くするくらいでもいいのではないでしょうか。

「頑張ったね」が心の負担を軽減させる

「パワハラ問題がうるさいから」といっても、怒鳴ったり、暴力を振るわなければ、それでいいというわけではありません。フォローの言葉をまったくかけずに、ただネガティブな働きかけばかりを続けていては、どれだけタフな人でも心は折れてしまいます。

失敗したり、ミスをしたりした人は、本人に「自責の念」があります。心がいっぱい、いっぱいになって、つらい状況のときに、「ああするべき」「こうすればよかったのに」と言われても、その言葉は頭に入ってきません。

ところが、「頑張ったね」と、認めてあげる言葉をかけてあげると、心の中に「相手の言葉を受け入れるスペース」ができるわけです。この順序がとても大切なのです。

私の子どもは、テストの成績がよくないとき、母親から厳しく叱られることがあります。するとと「そんなことわかっているよ」という顔をしながら聞いています。時には涙を流す姿も見ることがありました。

しかし、母親がその場を離れたすきに、父親である私が「でも、夜遅くまで頑張って勉強していたよね」と声をかける。するとその一言で大粒の涙が流れます。そして素直な気持ちで「今度のテストは父ちゃんのためにも頑張る」と言ってくれたりします。

母親が叱ったときに流した涙と、父親に認められたときに流した涙は違うのです。モチベーションというのは、悲しみの中から生まれるものではありません。その人から承認されたい、その人のためにも頑張りたいという気持ちが高めていくのです。

そういう意味では、メンタル不調者が続出するのは、上司の叱責それ自体ではなく、プロセスを認めてあげる「フォローアップ」が足りないということなのです。

しっかりとフォローができるようにするためには、上司は自分の仕事ばかりするのではなく、部下のことを日頃からしっかり見ていなければなりません。

また、部下の立場で状況を考える複眼思考あるいは、美点凝視も必要になってきます。

「ふざけんな！」がパワハラにならないこともある

世の中では、パワーハラスメント（パワハラ）が大きな注目を集めています。かつては「がみがみ上司」で済まされた面もありますが、今は、身体的暴力を振るうのは言うに及ばず、言葉による脅迫や暴言を発し続けたり、さらには人格を否定するような発言をすると、「パワハラ上司」として、訴えられます。

パワハラは、働く人の労働環境を悪くし、メンタル不調の原因にもなるため、絶対にやってはいけません。

では、何がパワハラ行為にあたるのか。これは、厚生労働省が運営する働く人のメンタルヘルス・ポータルサイト「こころの耳」で詳しく説明していますので、ぜひ参照してみてください。

しかし、ここで疑問に思うことがあります。はたから見れば、部下を厳しく怒鳴りつけ、高圧的に見える上司の部下が、けっこう楽しそうに働いていたり、常に穏やかな態度で部下に接している部署の上司が職場での評判が最悪だったりというケースを目にすることがあります。

この違いの根元には、パワハラというのは、セクハラと同じように、部下の側が上司の言動をどのように感じているのかによって決まってくるという面があります。

これも先ほどのフォローできる上司か、できない上司かと同じことです。

たとえ周囲からは高圧的に見える上司であっても、最終的に部下に手を差し伸べるタイプであれば、部下にとっては心理的なストレスを与えないことがあるのです。

日頃から、「なにやってんだ、バカヤロー」と怒鳴りっぱなしではあるものの、部下が仕事で困った状況に追い込まれたときには、「しょうがねえなあ、やってやるから、今度からはちゃんとやるんだぞ」と救ってくれる。これは、部下からすれば、ありがたいものです。

一方、本章冒頭に出てきたB部長のように、決して怒鳴りつけるわけではないものの、冷酷な口調で言いっぱなし、仕事を放りっぱなしの上司は、部下にメンタル面で負担をかける可能性が大きいわけです。

自分の保身しか考えない上司を部下は見抜く

肝心なのは、上司と部下、先輩と後輩などの間で、どれほどの信頼関係が構築されているのかです。「ふざけんな」と怒鳴られても、相手がどう受け止めるかは、日頃の関係性で変わってくるのです。

信頼関係が構築されていないのに、日々、部下を怒鳴りつけていれば、どんなに部下をフォローしたとしても、パワハラ上司と認定されることになるでしょう。

ですから、自分は信頼関係を築けていると勘違いして、または過信して部下に高圧的な態度で接することは、まったくお勧めしません。いや、絶対にやめてください。

職場によって、たとえば、顧客の命を預かったり、危機に瀕した人を助ける、あるいは少しの判断ミスや作業の誤りが自分や仲間の身体的な危険につながってしまうような業務に就いている組織では、「なにやってんだ、ばかやろう！」と胸ぐらをつかみながら、後輩をトレーニングすることもあったりします。

こうした職場では、緊迫感、緊張感がそれだけ違うのでしょう。ところが最近はそうした職場で、パワハラが大きな問題になるような厳しい時代です。

かつてはいいと思われていたことでも、1人ひとり言葉の「受け手」がどう感じるか。そこに気を配る必要が出てきています。本人が苦痛に感じない、精神的にショックを受けないという信頼関係を日頃からつくっておくこと。

さらに、厳しく叱責するときは、上司が部下のことを真に思っているのかという気持ちが伝わるかも大切になってきます。

「お前、俺のメンツをつぶしてどうしてくれるんだよ」という気持ちを背景に、上司が部下を叱ったら、心は冷めていくばかりでしょう。「成長してもらいたい」「失敗を繰り返してほしくない」という意識で発するメッセージとは天と地ほどの違いがあります。

要は、言葉尻ではないのです。部下は上司以上に、言葉の背景にある気持ちを敏感に受け取りますから、上司が自分の保身を根底に言葉を発していれば、表現にいくら気をつけても見透かされてしまうものです。

そして、部下のことより、上司である自分のことばかり考えている人がかなりの割合でい

るために、部下の心は折れていきます。

残業なし、ノルマなしでも不調になる

上司は、実際に仕事の配分や担当を考え、部下にあてがっていくという重要な役割も担います。

この、「部下に、どんな仕事を、どのように与えるか」によっても、部下の心のあり方、仕事への取り組み方は大きく変わってきます。

「この仕事を続けても、成長できる実感が得られない」「自分は会社や上司の業績を上げるための道具でしかない」「自分は、なんのために働いているのだろうか」など、仕事に対してまったく熱意を持てないような仕事の与え方は論外として、こうした職場が少なくないことも、現在の企業が抱える大きな問題だと思います。

ところが、たとえ上司が部下の成長を願って仕事を割り当て、指導をしていたとしても、

なかなかうまくいかないケースがあります。

多くの職場では、上司は「ちょっと難しいけれど、これを経験させることで勉強になる」「この困難を与えて、それを乗り越えてほしい」、あるいは「本人に合わない仕事もやらせてみて、ほかにも適性があるかを見きわめたい」という考えから、仕事の割り当てを行うこともあります。

部下が「好きで、没頭できるような仕事」を与えるよりは、経験や勉強のため、という目的を重視しがちなのです。

もちろん、仕事ですから、「好きなことだけ」をやらせておけばいい、というわけではありません。問題は、仕事の与え方にあるのです。難しい仕事を与えたならば、その困難さに応じたサポートがセットで提供されなくてはいけません。必要な配慮がなく、与えただけで放りっぱなしでいることが問題なのです。

職場適応を進めるには、小さな成功体験を積み重ねて、仕事に対する熱意を高められる状態になることが大事です。

難しい仕事をあてがわれ、「やらされ感」を抱きながら取り組んでいくことで、苦しい思いをしながらミスを重ねると、行き着く先は心が折れた状態になってしまう危険が高まります。自信もなくなってしまいます。これは先に説明したとおりです。

仕事自体はそれほど過重ではなく、残業やノルマが厳しくなくても、自発的に働いている感覚が持てなければ、メンタル不調になる可能性はとても高くなると言えるでしょう。

この「自発的に働いていける」状態にできるように上司はサポートしていくのです。

「俺の背中を見て学べ」がもはや通用しない理由

これは、具体例を見ればわかります。最近では、あまり聞かれなくなりましたが、企業がリストラ対象者を隔離された部屋に押し込んで、単純作業しかさせなかったり、ほとんど仕事をさせなかったりというケースが報道されました。

こうした状況に人を置くと、メンタル的にはもっとも大きなダメージを受けることになります。

仕事のレベルを高めていくには、難しい仕事や、得意でないことにも取り組まなければいけないのは間違いありません。そういうときには、上司の役割が大切になるのです。

「この仕事をやると、君の能力が上がって成長に結びつく」と、しっかり説明する。反対に、仕事を放りっぱなしで「黙ってやれ。仕事は人の背中を見て学ぶものだ」という態度を示す。もちろん、前者のアプローチが重要になってきます。

ですから目標設定の面談などのときに、「この仕事をすることによって、どのような意義があるのか、どういう能力の成長につながるのか」をしっかり確認しておかなくてはいけません。できれば、日頃からきちんと仕事の意味、意義を伝えたほうがいいでしょう。

そして、基本的な仕事の進め方もきちんと指導する必要があります。営業の担当者だったら、漠然と「行ってこい」というのではなく、基本を教えるということです。

顧客と自分の立場を考えたコミュニケーション技術、思いを伝えるアサーティブ（主張する）なスキル、顧客の要望を聞く傾聴、プレゼンテーション……こうした具体的なスキルを学べる機会を意識して設ける必要があります。

かつては、上司でなくとも、周りにいる先輩や、同僚、後輩と教え合う職場の空気もあったでしょう。ところが今、聞こえてくるのは、「育てる余裕がない」という声です。

きっかけは、1990年代のバブル崩壊後、企業が新卒採用を極端に抑制したため、現在の40歳前後、いわゆる「就職氷河期世代」以降の人材が多くの職場で不足がちになっていることです。そのため、指導を受けやすく、相談もしやすい「すぐ目上の先輩」がいない状況に陥っています。

また、低成長時代に入って以降、会社の成長が難しくなってからは、組織のフラット化も進み、プレイングマネジャーも増えています。係長、課長クラスの人材が、自ら現場の仕事を抱えながら、部下の指導などを担当しなければならず、心理面でのケアなどがおろそかになりがちです。

自分の仕事ばかり優先する上司の弊害

本当に正しいマネジメントの役割という意味で考えれば、上司は現場の仕事を持ってはいけません。野球やサッカーの監督のように、1人ひとりの部下の個性をしっかり見きわめたうえで、どのように有機的に結びつければ、組織のパフォーマンスが最大化するかを考えるのが仕事です。

それなのに、自分の（現場の）仕事にばかり集中して、部下のことに関心がいかない上司が多いので、問題が発生してしまいます。

最近の会社でよくあるのが、こんな状況です。10人のチームがあったとして、9人はそれぞれ1000万円の利益を上げている。そしてマネジャーは、1500万円の利益を上げ、「どうだ、お前たち、俺にかなわないだろう」と自慢しているという構図です。こんなことは、上司に求められている役割ではありません。

部下からすれば、「それはあなたの仕事ではないだろう」と、むしろ反感を買ってしまいます。場合によっては、上司が仕事を采配する権力を持っていることから、「自分の上司は、おいしい仕事ばかり持っていって、なかなか成果の上がらない担当を押しつける」くらいに思われる恐れもあります。実際に、そんな事態が起こっている職場もあるでしょう。

上司は自分の手を動かすよりも、メンバーのモチベーションを高め、スキルや知識の不足があれば、それを補い、行き詰まったメンバーがいれば、しっかりフォローする。これが本業です。

そしてメンバーの1人が平均して2割くらい成果を上げて、1200万円の利益を上げられれば、そのほうが全体としては成果も高くなりますし、個々の部下も、上司も高い評価を受けられるわけです。

とくに、２００８年のリーマンショック後は、企業が業績面で大きな打撃を受け、「育てる時間がない」と研修などで聞くことが多くなりました。

ただし、最近は少しずつ、とくにこの数年で、ある程度は会社にも余裕が出てきたように思います。企業の業績向上を背景にした心の余裕も、関係しているのかもしれません。

さまざまな時代の背景はありますが、経営者でもなければ、会社の組織構造や人員構成を変えることはできません。これからも組織のフラット化は止められないかもしれません。それだけに、上司は仕事の割り振り方、指導の仕方についてしっかり考える必要があります。

キレ者上司の「アドバイス」は、何が問題か

もちろん会社は、そこで働く人の生活すべてに関与できるわけではありませんから、上司や同僚にできることには限界があります。

たとえば、心が折れる原因となるのは、仕事上の問題だけでなく、家庭環境や友人関係、さらには健康問題といったように、さまざまな要素がありうるからです。また、それぞれの

ライフステージにおける将来への悲嘆、人生への虚無感など、他人からはうかがいしれない悩みもあります。

しかし、それでも働く人は、生活のかなりの時間を職場で過ごしています。周囲がいちはやく異変を察知し、適切な行動がとれれば、たとえ心の問題の原因が職場にはなかったとしても、ある程度は助けてあげることはできるわけです。

この観点から、様子がおかしくなってきた人に対しては、周囲が「会話」「対話」を通して、どんな問題があるのかをまず察知する必要があります。ところが、部下をサポートしようとするものの、その方向性を間違えて、かえって事態を悪化させてしまう上司がいます。

これは、先に説明した「頭のいい人」がいる組織の問題と共通する部分があります。

経験や能力もある、そしてどんな問題にも解決の糸口を見つけられる――。こんなふうに仕事ができると「自覚」している上司のもとで働く若い部下は、メンタルの不調が起こりやすくなります。

適切なアドバイスができるというのは、もちろんプラスの要因です。しかし、ここに思わぬ落とし穴があるのです。

「自分は問題解決能力が高い、仕事ができる」と自己認識している上司が、悩みがある、とくに仕事上の問題を抱えている部下と話す際に、まず手をつけるのが「情報収集」です。部下がどのような状況にあるのか、担当している業務には誰がどのように関わっているのか、業務で起こりうる問題とは何か……。

そして、徹底した情報収集をしたうえで、部下が抱える個別の問題について、「適切な解決策」を見つけ、それを実施するよう部下に「アドバイス」します。まるで、能力がそれほど高くないコンサルタントのような所作です。

押しつけ上司と下手なコンサルタントの共通点

誤解してほしくないのは、コンサルタントも優秀であれば、人の心に働きかける能力に長けているということです。

もちろん産業や市場の分析、クライアントの置かれた状況などを精緻に分析して、適切なアドバイスを考えるのは当然ですが、そのアドバイスを相手に説得力をもって伝え、腹落ちさせて実際の行動に移してもらわなければ意味がありません。

そのためには、クライアントが何を考え、どのような自社の将来像を描き、根源的に何を求めているのかを適切にくみ取ることができなければ、どんなに外形的には優れているように見えるプランを考えられても、納得性の高いメッセージなど発することができないのです。そして、相手のレディネス（受け入れ態勢）がある状態かを見きわめることが必要となります。

その点においては、部下との関係で、アドバイスを押しつけてしまう上司は下手なクライアントと同じです。最低限、「部下とのコミュニケーションは、対企業のコンサルティングとは違う」というくらいの認識を持っておく必要があります。

問題や悩みを抱えた部下と接する際には、アドバイスの前の段階である、「会話」をいかに行うかが、大切なプロセスになります。

まず、部下に語りたいことを、語ってもらう。上司はそれを最初はとにかくよく聞くことが大事です。上司が聞きたいこと、関心があることを質問して答えてもらうというのも、下手なコンサルテーションに近くなってしまい、そこで受け取れる「情報」は、必ずしも部下が話したい内容ではないかもしれないのです。

語ってもらうことで、その人の「気持ち」を感じ取る。どんな問題があるのか、なぜトラブルが起こっているのか、だけではなく、それを抱えている部下は「どういう気持ちなのか」をしっかり聞く。しっかり感じ取ることが大切で、そのうえで一緒に解決策を考えていくのです。

仕事の進行の遅れより、その背景を注目する

一般的に、上司が部下の異変を察知するのは、態度や表情などもありますが、仕事のパフォーマンスが落ちていることがサインとなったりします。

その際に、たとえば個別のプロジェクトの進行が予定どおりでないからといって、その問題だけにフォーカスしても意味がありません。のちほど詳しく紹介しますが、もしかしたら、本人は「この仕事を続けていくのは、能力面で限界があるのではないか」という点に悩みがあるのかもしれません。

また、「最近、家族とうまくいっていない」など、プライベートな悩みが大きくても、仕事のパフォーマンスは低下してしまいます。

ところが、「アドバイス上手」な上司は、自分に絶大な自信があるため、部下の気持ちを考えずに、「ああしろ、こうしろ」と考えを押しつけてしまうため、部下はなかなかそれを受け入れられなくなってしまいます。これでは、問題は解決されません。

そこで、メンタルヘルス研修の中でも、管理者向けのラインケア研修では、傾聴のスキルをトレーニングするようにしています。どうすれば、相手の話をしっかり聞くことができるか。これも訓練次第で向上することが可能です。

なぜスピード出世の上司のもとでは部下の心は折れるのか

ところが、ここで困った問題が起きます。部下のことを親身になって考え、行動できる上司より、とにかく自分の業績向上ばかりを考える上司のほうが、組織内において地位が上がりやすい傾向にあることです。とくに、ここまで説明してきた「アドバイス上手」な上司は、出世が早いという会社が多いようです。

これは、私の経験からお話しすることなのですが、会社でエリート街道まっしぐらで出世を続ける上司のもとで働く部下たちほど、多くのメンタル不調の問題が起こりやすいように見えるのです。

あくまで印象論ですから、これが原因だと断定することはできないのですが、いくつか思いあたる節はあります。

まず、出世が早い人は、若いときに現場の仕事でかなり優秀な成果を上げていることです。そのため、「できない部下」が、なぜできないのかが理解できません。それで「アドバイス」を押しつけてしまう。これは、説明したとおりです。

また、上司が自らのキャリアのあり方として、何を目指しているのか、もとても重要です。あえて図式的な表現を使うなら、「上を見ているのか、下を見ているのか」ということになります。これは、実際の上司の行動を見ればわかります。たとえば、「課長は、部長と飲みに行くことが多いのか、部下と飲みに行くことが多いのか」です。

日本に限らず、組織の中で取り立てられていく人というのは、経営者や上級マネジャーとの関係が近いことが多いものです。

視線が上を向いているのですから、部下が起こすトラブルや問題については、表面的にど

上司は上を見ているのか、下を見ているのか

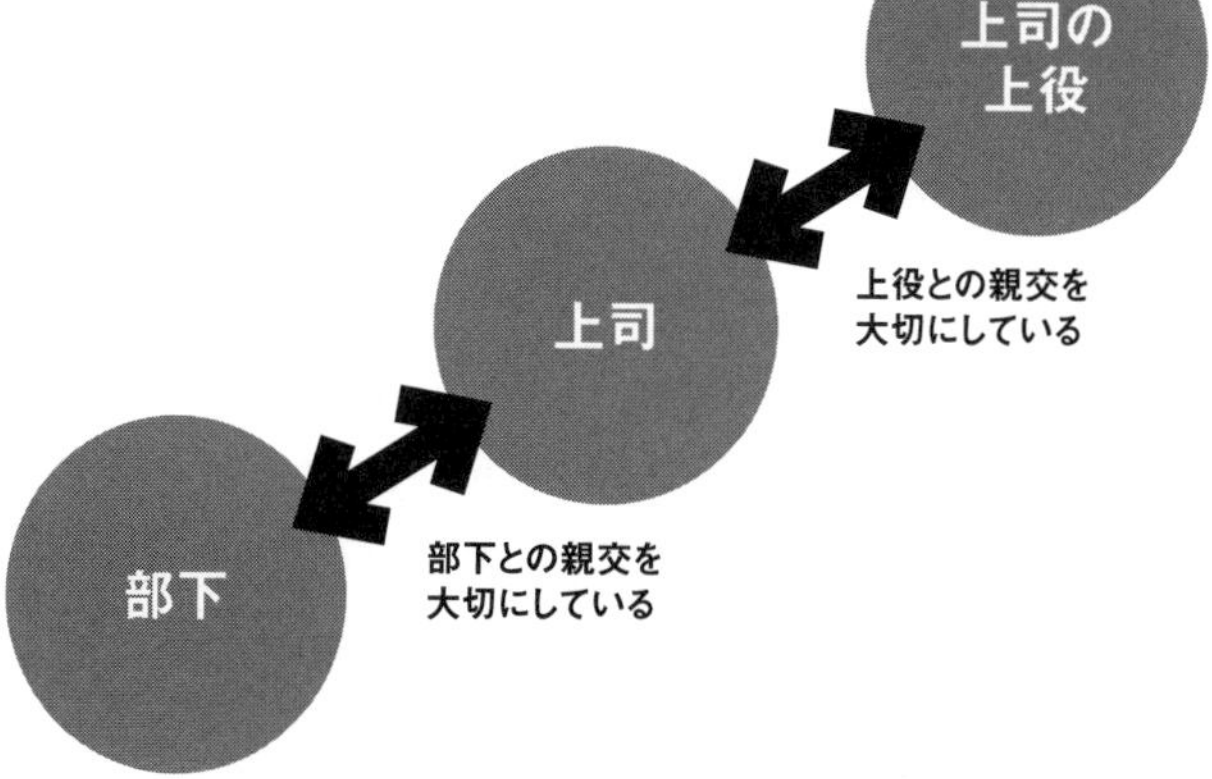

のような態度をとるかは別として、本音では「面倒だ、自分を巻き込まないでほしい」と考えることが多くなりがちです。

仕事のパフォーマンスが上がらない部下には、きちんと「アドバイス」はします。それでもできないと、「あいつは、使えない」とレッテルを貼り、心理的には「切り捨てる」判断をします。そして、会社上層部に影響力がありますから、「できる部下」を配下に集められます。

経営者たちは、たいていは同じような意識を持っていますから、部下へのこまやかなケア、サポートができなかったとしても、それは「できない部下のせい」であることを「理解」してしまうため、上司に切り捨てられた社員の思いにまでは、なかなか考えが及びません。

一方、仕事の実力もあって、なおかつ部下の面倒見がよく、しっかりと守れる上司は、スピード出世はなかなかできませんが、コツコツと着実にポジションを上げていきます。部下のために割く時間が多いので、自分の上役と一緒に過ごす時間は少なくなります。しかし、部下のメンタル面は相対的に安定しますし、部下は「あの人のために」という意識は持ちますから、部署として一定以上の成果が出ることになります。

ここでも、重要なのは、トップ経営者の役割、意識のあり方です。前章で紹介したように、社員の健康、メンタル面の安定を会社の重要課題だと考えれば、自ずと引き立てるマネジャーの性質も変わってくるからです。

部下をきちんとフォローできる人が取り立てられるような会社になれば、多くの社員、とりわけマネジャーたちの行動も変容していくはずです。

〝桶〟を支えきれない部下の助け方

これは前章でも少しお話ししましたが、心が折れている人、折れそうになっている人は、聞いてもらうだけ、アドバイスをもらうだけでは、すでに動けなくなっています。

たとえば、次のようなイメージを考えてください。

ある社員がものすごく大きな桶を両手で掲げ持っているとします。桶の上からは、水道の蛇口が開きっぱなしになっていて、どんどん水が流れ込んでくる。水は溜まっていくばかりで、いつかは重みに耐えきれなくなるだろう。

この様子を見て、心に寄り添える、部下の気持ちを考えられる上司は、こんなメッセージを伝えるでしょう。

「さぞかし重いことだろう。しっかり、やってるな。もっと、頑張れ」

すると、部下は「よし、やってやろう！」と意欲を高めるにちがいありません。

一方、水が流れ続けていることに危険を感じた「アドバイス上手」な上司は、部下にこんなことを言います。

部下の“桶”を上司はいかに支えるか

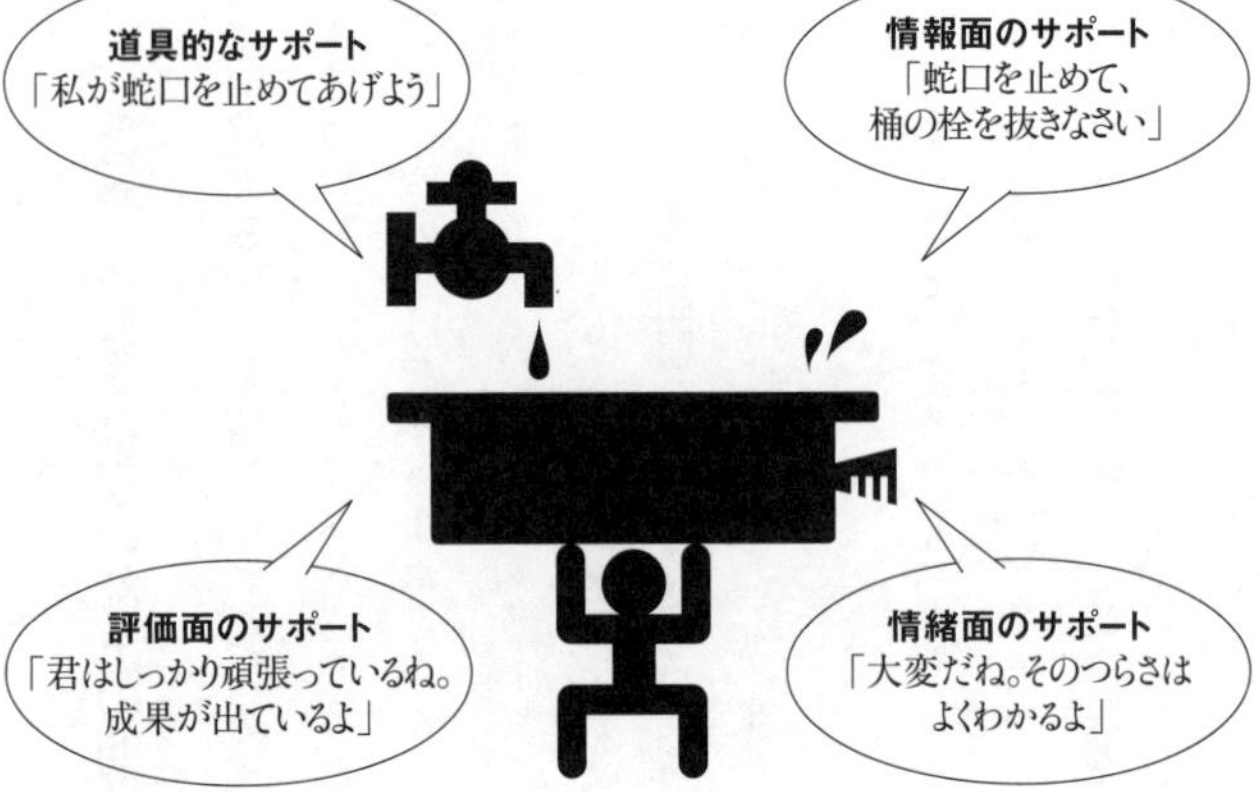
道具的なサポート
「私が蛇口を止めてあげよう」
情報面のサポート
「蛇口を止めて、
桶の栓を抜きなさい」
評価面のサポート
「君はしっかり頑張っているね。
成果が出ているよ」
情緒面のサポート
「大変だね。そのつらさは
よくわかるよ」

「とりあえず水を止めなさい」
「桶の下に栓がある。それを抜けば、水が流れ出るはずだ」

桶を持って、それほど時間が経過していない段階であれば、部下は「ああ、なるほど」とすぐに行動に移れます。

ところが、これが桶を持ってから相当な時間が経過していたとしたら、どうでしょう。部下は我慢の限界に達しつつあり、悲鳴をあげている状態です。

両手に桶を持って耐えているところに、「頑張れ！」と言われたところで、「これまで十分に頑張った。でも、もう限界だ」となって、かえってつらくなるばかりでしょうし、

「水を止めろ」「栓を抜け」とアドバイスされても、「重くて、両手でないと支えきれない。そんなことを言われても無理だよ」と思うにちがいありません。

このとき、部下は「一緒に支えてくれ」「水を止めるか、栓を抜いてくれ」と言いたいわけです。しかし、それを伝えても誰も行動に移してくれない。そして、重みに耐えかねて、つぶれてしまう。桶を落としてしまう——。

悲しいことではありますが、これが今の日本の会社のさまざまなところで起こっている現実です。前章でも紹介した、メンタルの不調に陥ってしまう教師や看護師の例なども同じです。

たとえば、モンスターペアレントが理不尽な要求をしつこく重ねてきて、若手の教師では始末に負えなくなっている。それならば、経験が豊富な学年主任や教頭などの上司が、「では、私が一緒に出向いてみましょう」と行動に移してくれるだけで、まったく状況は変わってきます。

これは、業種や職種を超え、どんな職場にも共通していることです。現在は、採用の抑制などによって人手が不足し、社員、とくに若手の負担は増しています。

しかし、部下は限界に達するまで、なかなか声をあげないものです。というよりは、すでに限界に達しているのに、声をあげないケースも多々あります。そこをしっかり観察し、いかに適切な行動がとれるかが、上司の重要な役割と認識する必要があります。

部下の心を痛める「言うだけ上司」「聞くだけ上司」

上司が部下にサポートをするとき、「自分の得意なこと」をしてしまいがちです。それはアドバイスを与えることかもしれないし、心に寄り添うことかもしれない。ところが、一番効果があるサポートとは、もっと包括的なものです。

部下のサポートには「4つの基本」が必要になってきます。それは、次のとおりです。

- **情報面のサポート**
- **情緒面のサポート**
- **道具的なサポート**
- **評価面のサポート**

まず、「情報面のサポート」です。これは「アドバイス上手」な上司の項でふれたように、知識や情報収集をベースに、コンサルテーション的に解決法を示すことです。

次に、「情緒面のサポート」は、共感したり、努力に気づいてあげたり、見守ったりする。これを本人に伝えることで、精神的な支えになる働きです。

3つめは、「道具的なサポート」。部下がいよいよ大変になったときの場面で必要となる、「直接的な手助け」です。「自分でやってきなさい」と、突き放すのではなく、上司自ら手を差し伸べることです。

最後に、「評価面のサポート」です。上司が部下に、業績の結果のみならず、しっかりプロセスを含めて、フィードバックを伝えていく。

多くの上司は、これら4つのサポートすべてを得意とすることはありません。人によって、得意、不得意があります。そのため、どうしても自分の得意なサポート手法に偏ってしまうのですが、それではうまくいかないのは、先に説明したとおりです。

目の前にいる部下が、今どういう状況にあって、何を求めているか、何が必要なのかを語ってもらいながら、4つのサポートをバランスを考えて提供する。それが上司にとって大切なことなのです。

かつて日本の会社組織はピラミッド型で構成されることが多かったのですが、最近はフラットな組織構造が増えました。そのため、1人の管理職が大勢をサポートすることも多くなりました。

たとえば、かつては100人の部があったとして、部長の下に、次長が2人、課長が10人いたりして、1人の現場マネジャーは、それぞれ10人程度を抱えるような組織でした。これであれば、個々の社員について、きめ細かなサポートをすることができます。

ところが現在は、極端に言えば、部の人数は50人程度で同じ仕事量をこなさなければならず、かつ部長とその下には3人の課長などで組織が構成されていたりします。これでは、4つの基本的なサポートを過不足なく実行していくのは、確かに大変なことかもしれません。

上司が部下に適切なサポートができるようになるには、まず「自分が得意とするサポートは何か」を知ることです。それによって、何が足りないか認識できるようになります。

そのことで、「直接的な手助けも、上司がするものなのか」とか、あるいは「自分はアドバイスしかしてないけれど、精神的なサポートも必要だったのか」など、自分のスタイルを見直してほしいのです。

多くの組織で見られるのは、「手助けだけ上司」「言うだけ上司」「評価するだけ上司」「聞くだけ上司」というふうに、何かをするだけの上司です。これでは、部下をしっかりサポートしきれないということです。

優秀すぎる上司に欠けていること

頭でわかっていても、いざ実行しようとすると難しい。たとえば、アドバイスが上手な上司がいざ、情緒面を補おうと思っても、なかなかできないことがあります。なぜなら、ふだん仕事のときに、情緒を動かすことをせずに、業務を遂行していることが多いからです。

また、ビジネスの世界では「感情を仕事に持ち込むな」「お前の気持ちなんか聞いていない、お客さんの気持ちを聞いているんだ」などと感情はビジネスから切り離されてきました。

このような上司は、研修などで、上司と部下役に分かれてロールプレイをして、「その言い方はよくない」と指摘し合ったところで、何も効果がありません。本当に部下の心に寄り添おうとするならば、自分自身が「感じ取る」、あるいは「心を動かす」という体験をすることが必要になるからです。

気持ちを感じ取るトレーニング

私はカウンセラーを養成する指導者でもあるのですが、もっともお勧めなのは、「ライブセッション」と呼ばれる場です。

自分自身に実際に起きた、臨場感のある話をしてもらう。部下や上司というふうに、ロールプレイのように役割を設定せずに、話し手と聞き手に分かれるのです。

仕事のことでもプライベートのことでもいいのですが、できればネガティブな話にしてもらいます。腹が立ったこと、嫌だったこと、不安だったこと、寂しかったこと、悲しかったこと、イラッとしたこと、ムカッときたこと……。

できるだけ、最近のことを具体的に話してもらいます。1グループ、4~5人ぐらいの人数がいいでしょう。

1人の人間として話したり、聞いたりする中で、「話している人の気持ち」に焦点を合わせて、「それがどんな気持ちだったのか」をみんなで話し合うのです。

あるライブセッションで、このような話がありました。

「こんなトラブルを抱えてしまって、お客様からこんなクレームを言われて、本当に解決できるのか、今不安なんです」

この話し手の気持ちに焦点を当てると、本人は「不安」と言っているけれど、「焦りの気持ちを強く感じた」という聞き手もいました。そういう話を出し合っていくうちに、「なるほど、そういう気持ちもあるかもしれない」と気づくことができるのです。

自分の情動に意識を向ける。人の気持ちを感じ取る。こうしたトレーニングは、上司や部下といった役割をベースにしたロールプレイに比べて、あまり普及していません。

長いキャリアがあって、アドバイスが上手な上司というのは多いものですが、そうした上司が気持ちを推し量ることができるようになるためには、もちろん実際の経験も大切になりますが、今の時代は何らかのトレーニングが必要だと思います。

「トレーニングの場」を設けることで、ふだん、仕事や日常生活の場で話さないような内容が出やすくなる。そこで自分でも気がつかないような感情の揺らぎが生まれて、涙を流される方も出てきたりします。

自分の気持ちを認識することで、相手の気持ちにも入っていけるようになることができます。これがきちんとできれば、部下から絶大なる信頼を得ることができるのです。

3章

なぜ運動部を経験していないと、心が折れやすいのか

メンタル不調になりやすい人、なりにくい人

ある会社に入社し、同じ上司のもとに配属された新入社員2人。日々、同じ業務を行い、時には似たような失敗をして似たような叱責を受けているにもかかわらず、Aさんはある日から会社を休みがちになり、Bさんは元気に働いている。

産業カウンセラーとしていろいろな職場を見ていると、このようなケースに出くわすことがあります。

2章では、上司のあり方や仕事の振り方、部下との接し方が、部下のメンタルにいかに大きな影響を及ぼすかについて見てきました。ただ、このケースでいうと、上司は同じ。AさんにもBさんにも同じような態度で接し、同じような声かけを行っているはずです。

なぜ、同じ労働環境下、同じ上司のもとにいるにもかかわらず、Bさんは不調に陥ることがなく、Aさんだけが不調になってしまったのか。

このように、労働環境、上司がまったく同じであっても、不調になる人とならない人がいます。この背景にはやはり、個々の持つストレス耐性の違いがあると思わざるを得ません。

では具体的にストレス耐性とは何を指しているのでしょうか。

ビジネスの世界では今、個人が最大限のパフォーマンスを出すために「レジリエンス」（跳ね返る力）が大切と言われています。逆境に置かれても、しなやかに跳ね返る弾力のある力強さ。これは、メンタルの強さと言い換えることができるでしょう。

個々人の持つレジリエンスの違いが、職場でのストレス耐性の違いにつながってきます。

運動系の部活動を経験していない人の特性

私が日々の仕事を通じて感じる、不調になりやすい人の傾向の1つに、「運動系の部活を経験していない人」というのがあります。逆に、多少過酷な労働環境にも耐えられる、レジリエンスの高いタイプの人の中には、学生時代に体育会系のクラブに所属していた人が多いというのを実感しています。

これについて、どう考えればいいのでしょうか。

運動系の部活とは、何でしょうか。私が一言で表現するなら、それは「理不尽さのかたまり」にほかなりません（もちろん、すべての学校が同じではありませんが）。

体験したことのある人ならおわかりになると思いますが、下級生のうちはとくに、ろくに競技の練習もさせてもらえず、球拾いやグラウンド整備、ランニングなどの雑用や下積み練習ばかりということも少なくありません。

そして、誰がどう考えても効果的な練習とは思えないようなトレーニング内容であっても、顧問にやれと言われたら、黙々と筋肉がちぎれそうになるまでやることもあります。

また、上下関係が厳格で、先輩の要望であれば「ジュースを買ってこい」「1年生は、真夏でも長袖ジャージしか着てはいけない」「校門の前で校歌斉唱」といった競技の技術向上とはもはやなんの関係もない理不尽な要望にも応えた経験をお持ちの方もいるでしょう。

さらに、日々練習に励んでいるにもかかわらず、冷遇を受けて、試合に出してもらえない、レギュラーになれないなどの挫折も経験しがちです。

こうした理不尽に子どもの頃からもまれた経験を持つと、その人はどう育つでしょうか。逆境に鍛えられ自然とレジリエンスが強くなるかもしれません。部活動をやっていない人と比べて、理不尽への耐性に大きな差がついてくると考えられるのです。

部活動を通じて理不尽への耐性を身につけた人は、社会に出たのち、自分の責任でないことで上司に怒鳴られたり、できそうにない量の仕事を無茶振りされたり、先輩に失敗の責任をなすりつけられたりといった会社員ならではの理不尽にさらされても、多少のことでは心が折れにくくなると思います。

学生時代に兎跳びやグラウンド100周といった無茶な要求をこなしていたのと同じように、その要求をこなそうと頑張れる人が多いのです（そのこと自体の是非は別です）。

学生時代に経験するタテ社会

部活動を経験した人がストレスに強くなる傾向にある理由としては、理不尽への耐性のほかにも思い浮かぶ点があります。

それは、部活動を通じて、多様な人間関係を経験することです。1人で完結する部活動はこの世に（おそらく）存在しないので、どのようなクラブであってもそこにはコミュニケーションが発生します。

とくに、通常の学校生活ではあまり深く経験することのない、先輩や後輩、顧問の教師といったタテの人間関係を密に築くことになります。学生時代は、クラスの仲間とは違う目上の人とのコミュニケーションに悩むこともあるでしょう。

しかし、このような経験は宝になります。それは社会に出てから本格的に活かされます。多くの新社会人が悩む、社内の人間関係に強いストレスを感じにくくなるからです。

そしてさらにそこで大きな意味を持つのは、部活を通してできた人間関係のつながりです。学生時代にともに体育会系の厳しい練習に耐えてきた仲間たちには強いつながりが生まれ、その後生涯を通じた友人となることもよくあります。定期的に飲み会を開いたり、急に招集をかけて集まるようなこともよくあるでしょう。

仕事で強いストレスにさらされているとき、誰かに聞いてほしいと思っているときに「今夜どう?」と気軽に飲みに誘えて愚痴を聞いてもらえたり、仕事内容や職場について相談に乗ってもらえたり、「お前も頑張ってるな」と軽い承認を与えてくれるような人間関係をどれぐらい持っているかで、ストレスに対する耐性は変わってきます。

1章で書いたとおり、ストレスの初期症状において、「誰にも相談できない」という環境は、心が折れる理由になります。仕事以外の場で、何かあれば話を聞いてもらえるような人間関係のつながりを持っていることはレジリエンスを強化することにつながります。

「大会に出たい」で未来志向が育まれる

部活動において、もう1つ重要な観点が未来志向です。部活動は今を楽しんで練習するものではなく、ゆくゆくは自分も大会へ出たいと夢見て日々練習します。将来への期待があるから、今の練習があるという意識が身につきます。

どちらかというと、サークルは「今を楽しむ」傾向があるのに対して、部活動は「目的に対して今がある」という違いがあります。この目的意識が醸成されることが、社会に出てからレジリエンスの高さにつながってきます。

目的意識や未来志向がなければ、目の前の仕事や職場の人間関係しか見えなくなります。今起こっていることがその人のすべてとなりますので、現状に一喜一憂してしまうのです。当然、ストレスもより強く感じて、そのまま受け取ってしまいます。

しかし、目的志向や未来志向のある人は、今が大変でも、「これをすることで、次はあそこへ行ける」「次はこれができるようになる」と考えられるようになり、少々のストレスをはねのけてしまいます。

大変な思い、つらさの向こうに、目指すべき自分の姿が映っているので、自己肯定感や自己効力感が高まるのです。この目的意識を備えられることで、必然的に仕事に対しても主体的になれるのではないかと思います。

趣味がある人は、なぜ強いのか

運動系の部活をやった、やらないは、社会に出てからはどうしようもありませんので、あくまで一要素としてとらえていただくとして、働くようになってからも、心の拠りどころをつくることは可能です。

これも私の経験からの話になりますが、「趣味が少ない人」が不調になりやすいというのも1つの傾向だと思います。ゴルフや登山やテニス、音楽など幅広く趣味を持っている人には、心が折れにくい、レジリエンスの高い人が多い印象があります。

それは単に、好きなことを休日に思い切り楽しむことで、仕事を忘れストレスが発散できるという理由からだけではありません。

会社と家だけの往復で毎日過ごしている人の場合、会社で承認が得られなければ、自分を認めてもらえる場所がなくなります。その生活の中で、上司に怒られ、取引先に嫌味を言われ、同僚に業績面で水を開けられるようなことが続くと、つい「自分なんてなんの価値もない」という心境になりがちです。自分の存在そのものの否定につながりかねません。

ところが、外で趣味やさまざまな活動の場を持っていると、たとえ仕事でうまくいかなくても、趣味の場で承認を補うことができます。

たとえば、テニスが趣味だとして、仲間内の大会で優勝したり、サークル仲間に「○○さんのサーブはなかなか返せないね、まいったよ」のような一言をかけられると、それはその人の承認につながります。

趣味の場とはいえ、このような承認を得る機会があれば、仕事で自信をなくすような出来事が続いても、「自分は何をやってもダメな人間だ」と自分を全否定せずに済みます。つまり、プライベートで前向きな承認を得ることは、職場でもポジティブな影響を及ぼすのです。

ここでも人間関係のつながりがカギになりますが、職場で培われる仕事上の人間関係のほかに、趣味を通じた人間関係を持っている人はその意味でも強いのです。自分を認める、信頼する、自信を持つといった承認は、その人の人生の中で意味を持つものであり、その場が仕事であっても、趣味であっても変わりません。

仕事上でのちょっとした失敗や業績低迷、上司との相性の不一致などネガティブなことがあるたびに「自分なんて価値がない」と自分を全否定してしまわないためにも、仕事以外に複数の世界を持つことは大事なのです。

「仕事だけ人間」が抱えがちな心の脆さ

逆に言えば、仕事一筋の人、仕事だけの人には脆い部分があると言えます。「仕事人間」というと、熱心でバリバリと活躍している、ポジティブで強いイメージを抱く人もいるかもしれませんが、ふたを開けてみれば実は、レジリエンスの弱い、あるいはふとしたきっかけで心が折れやすいことが多いのです。

それを裏づけているのが、生産性の高い人について調べたデータです。生産性が高い人を調べると、職務満足度との相関関係が見られます。自分が満足できる仕事をしている場合は、「フロー」状態になりますから、生産性も上がっていると言えます。

さらに注目すべき点は、職場の満足度が高い人の仕事以外の部分の満足度を調べると、プライベートの充実や家族に対する満足度も高いという点です。もちろん、全体的な傾向ですから、「家庭では冷え切ってどん底の思いをしているけれど、職場では充実して満足している」「家庭はなんの問題もなく日々幸せを感じているが、職場には不満しかない」という人もいるとは思います。

しかし、こうしたデータからは、仕事で成果を上げたい、あるいは部下の成果を上げるサポートをしたい、と考えるならば、仕事だけに特化して考えるのではなく、プライベートでの時間の費やし方にまで、つまりトータルな生き方に対してまで関心を向けることが大切だということが言えます。

実際、仕事で調子が悪いときは、家に帰っても鬱々として家族に不機嫌な態度をとり、結果家庭がぎくしゃくしてしまい、その冷え切った家庭で心が癒やされずストレスがたまり、さらにそれがために仕事の調子が悪くなる……といったように、なかなか抜け出せない負のスパイラルに陥ってしまう可能性もあります。

「仕事のためにはある程度家庭を犠牲にするべきだ」などの古い価値観を持っていて、部下にその価値観を押しつけてしまうのは、上記の相関を考えれば、結果的には部下の生産性を低くしてしまうアプローチという以外ありません。

画期的な成果を残す人は、仕事外も活発

仕事以外に活動の場があると、趣味のほうに時間やエネルギーを奪われて生産性が下がってしまうのではないかと考える人もいるかもしれません。

ところが、メディアにも登場する、新たなビジネスモデルを開拓するなど創造性の高い仕事をしている人を見てみると、仕事以外にも活動の幅が広い人、仕事以外にも広い人間関係を持つ人が多いものです。

皆さんの周りにも、チャレンジングな仕事を行い意欲的に働きながら、なおかつ多趣味で友人が多いという人が、1人か2人いるのではないでしょうか。

私自身の例で恐縮ですが、エディフィストという会社で研究員をしながら、日本メンタルヘルス講師認定協会の代表として講師の育成などの活動をしています。それとは別に個人的にカウンセリングや職場復帰支援、不調者へのセラピーなどを行い、また違う領域ではモチ

ベーションやレジリエンスを高めるメンタルトレーニングなどの支援もしています。もちろんこのように執筆も手がけます。

スキーはおよそ40年、素もぐりも35年、毎週のジム通いも30年続けています。家族とバーベキューをする頻度もとても高い。「バーベキューをやりすぎる家族」ということで取材もされたことがあります。バーベキューコンロは通常ならば何年かもつと思いますが、1年間で3回壊れてしまったこともあります。週末は分刻みで予定が入ることもあります。

どれも楽しく、没頭しているうえに、それぞれの活動でそれぞれ違った人とのつながりができます。仕事ではカウンセリングを受けた方から「これで生きていくことができます」という言葉をいただいて「よかった」と思えたり、自分も成長できていると実感できたり。こういうことがモチベーションや自己肯定感につながっていると思います。

私の周囲でも、本職以外にさまざまな委員会や団体で活動をする人は多いですが、そういう人は単にアクティブなだけではなく、仕事で画期的な成果を残していたりもします。

会社内だけの人間関係、業務上の知識だけで得られる成果と、さまざまな世界でいろいろな人と出会い、人間関係ができ、その人たちからさまざまな刺激を受け、たくさんの知見が得られる。それが、仕事でもアイディアを生み創造的な仕事への成果につながるのでしょう。

自己承認と他者承認がレジリエンスを向上させる

ややや脱線してしまいましたが、承認とレジリエンスについてもう少し掘り下げたいと思います。

人が何かにやる気になり、少しの苦労で折れたりしない、というレジリエンスの高い状態になるのはどのようなときでしょうか。

楽器演奏が趣味の人を例にしてみましょう。その人にとって、楽譜に集中している時間は仕事を忘れて没頭できる楽しい時間です。「もっとうまくなりたい」「セッションに出たい」などの希望を持つようになり、懸命に練習します。そして、今までうまく弾けなかった曲がスムーズに演奏できるようになると、自分なりに達成感と喜びを得られます。

さらに、セッションに出て、ほかのメンバーに「あの曲、完璧だったね」とほめられると、それも報酬になり、さらなる喜びを感じることができます。そして、モチベーションがより

報酬がやる気を高める仕組み

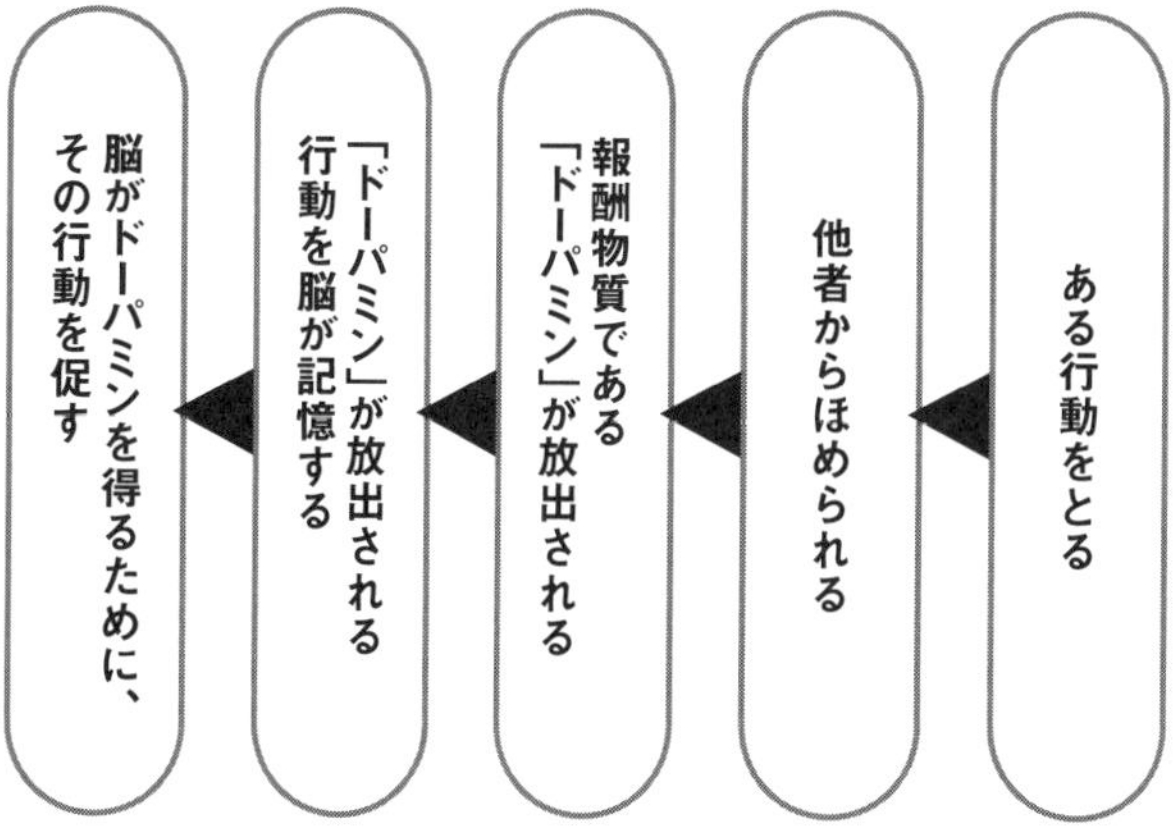
ある行動をとる
他者からほめられる
報酬物質である「ドーパミン」が放出される
「ドーパミン」が放出される行動を脳が記憶する
脳がドーパミンを得るために、その行動を促す

高まり、もっともっと懸命に練習するようになります。

このプロセスには、2つの大切な要素が含まれています。それは、自分で自分に対して報酬を与える「自己承認」と、他者から報酬を与えられる「他者承認」です。この2つがあることで、プロセスの中でモチベーションが強化されていると言えるのです。

このメカニズムを脳の仕組みに照らし合わせてみましょう。

なにかの行為を行い、それに対して報酬が得られれば、脳内に「快の感情」を発生させる神経伝達物質であるドーパミンが分泌されます。すると、「あの行為をすれば、ドーパミンが得られる」と脳が記憶します。ドーパミンによる快を得たいと思う脳は、その行為をしたいと思うようになります。そして、行為の継続がスムーズになります。このように脳の仕組みを鑑みても、承認とモチベーションには関連があることがわかります。

「自己承認」と「他者承認」は、レジリエンスを高めるという意味で非常に大きな意味を持ちます。

「自分へのご褒美」は、一時的な癒やしでしかない

同じメカニズムを仕事に当てはめるとどうでしょうか。この承認のメカニズムを逆手にとって、仕事へのモチベーションを上げる方法があります。それは「自分なりの報酬を見つける」という方法です。よく言う「自分へのご褒美」です。

たとえば、仕事で山場となるような納品日やプレゼンのある週、その週の週末には、楽しみになるような趣味の予定を入れておく。

あるいは、今日の仕事が一段落したら、飲みに行く。これも、度が過ぎるとよくないです

が、ある種の報酬になるでしょう。

今期の目標成績をクリアしたら、ボーナスで欲しかった時計やカバンなどを購入したり、家族や恋人と1泊旅行に行くというのも、ひとつの報酬付けの方法です。

ただ、この方法には限界があります。なぜなら、自分なりの報酬で自己を承認するだけでは、モチベーションを高めるのに十分ではないからです。

自己承認が何から得られるかと言えば、他者承認から育まれます。

子どもの頃に他者承認をしっかりされていないと、自己承認はできるようになりにくいと言われています。家族や周囲の大人にかわいがられたり、性質や能力を認められたりすることがなければ、自分を大切に思うことができないのです。すると、すぐ責任転嫁をしたり、回避をするような性格につながってしまうことがあるというのです。

同じことが、職場にも言えるのではないかと思います。2章で書いたとおり、若い社員であればあるほど、周囲が愛情を注ぐ、承認をしていくということをして他者承認を与えていかなければ、「自分で自分を認める」ことがうまくできるようになりません。

たとえば若手社員が、上司からスケジュールの逼迫した大量の仕事を振られて、「自分は絶対折れないぞ」とがむしゃらに頑張るとします。

その仕事が、本人が心から没頭できる、やりがいのある仕事や成長を感じられる仕事であればまだいいのですが、実際に振られる仕事はそうでないことが多いものです。

そして、その働きぶりを認めてくれる人が職場に1人もいないとします。

この場合、若手社員が「この仕事が終わったら休みをとって旅行しよう」など自分なりの報酬を設定し、いくら自分を鼓舞したとしても、そのモチベーションは継続しにくく、それほど成果も出ないことが多いのです。そのうち、やっていることがつらくて仕方ないという苦痛を伴う状況に追い込まれがちです。

先ほど自己承認と他者承認の2つが重要な意味を持つと書きましたが、この例のように「本人が成長ややりがいを感じる仕事ではなく、『やらされ仕事』である」ということ、そして、「職場に人をほめる風土や習慣がない」ということ、この2点がそろうと、本人がどれだけ頑張ってもレジリエンスは低下し、心が折れやすい状況へと近づいていきます。

内発的なモチベーションに向き合う大切さ

こうした「やらされ感」をモチベーションに変えるテクニックもあります。ところが、表面的に「この仕事が好きだ」と思い込もうとしたり、「自分の成長に役立つ」と考えるだけでは、やはりやる気は保ちにくいところがあります。

自分のモチベーションの源泉を掘り下げ、仕事と連動を図るというプロセスを踏まないと、受動的な姿勢から、能動的にやる気を出すことはできません。

モチベーションは人によって違います。1章でも触れましたが、「外発的なモチベーション」は給料や環境など外から得られるもので、これも仕事のやる気に影響を与えますが、自分と徹底して向き合わなければいけないのは、「内発的なモチベーションの源泉」です。

まず、自分はどんなふうに仕事をしたいのか。これをキャリアアンカーといいます。キャリアアンカーは、その人が最後まで手放すことができない、その人の核になるものです。そこを徹底的に掘り下げます。たとえば、1人でコツコツやるのが性に合っているかもしれない。あるいはいろいろな人と関わる仕事に向いているかもしれない。

そして、「働き方」を通じて、自分は何を得たいのか。1人で計画を立ててまっとうできる自信を持てることが大事なのか。挫折せずにやること、自分を信頼すること、チームで助け合って仕事をすること、どのようなことにやりがいを感じるのか。サポートや支援がしたいのか、他者から認められたいのか……。

そうしたことを見つめていきながら、今やっている仕事が、何につながっていくのかを考えていきます。これは、その人の大切にしているものと仕事の連動を図るというものです。できれば、小さい頃まで振り返って、今までどういうことに熱中し、没頭したのか。フローはどういうときに得られたのか。仕事上でも、そのフロー体験は得られたのか。そうしたことを、時間をかけて考える。

考えるうちに、「人から信頼されることが一番大事だった」「自分でコツコツものを積み上げていくような作業が一番好きだった」あるいは、「仲間との関わりが一番大事だった」など、自分の価値観に気づくことになります。

何を得るために働くのか。人生で何を大切にしているのか。これがその人のモチベーションの源泉となります。

「求人が多いから」で仕事を決めない

自分の内発的モチベーションをよく見つめたうえで仕事を選んでいる人には、逆境に負けない、レジリエンスの高い人が多いものです。

よく「あの業界は求人が多くて入りやすそうだ」とか、「あの資格なら簡単にとれるから」「あの資格はあまりお金がかからないから」という理由で転職や就職をする人がいます。

たとえば、私のカウンセリングには、介護職に就いている方が数多くいらっしゃいます。なかには、「介護職は求人も多く、将来的にも食いっぱぐれないだろう」「資格があれば一生食べていけるだろう」という理由でヘルパーの資格を取得し、仕事に就いた方もいます。しかし、このような考えで働き始めた方は、実際の介護の仕事に耐えるのは難しい面もあるようです。

現場では、想定を上回るような大変さや、想定外の苦しさに直面することもあります。そこで、その大変さも含めて介護の仕事の本質、「人の助けになれる」という面にやりがいを持てればよいのですが、そうでないケースもたびたび目にしてきました。

こういう場合、「こんなはずではなかった」「なんでこんな仕事を選んだんだろう」「もっと楽で収入のいい仕事があるのでは」という思いにとらわれてしまう人もいます。

このような心持ちで日々を過ごしていると、どうなるでしょうか。

モチベーションが下がり、仕事上でのミスが増えます。ネガティブな出来事が続けば、離職かメンタル不調につながりかねません。最悪の場合、施設にいる高齢者の方を巻き込んだ事故などを起こすリスクも高まるかもしれません。

心が折れる介護士と折れない介護士の境界線

一方で、「祖母や祖父の介護を体験したり、老人ホームのボランティアをして、お年寄りのケアや話し相手をすることに心からやりがいを感じた」、あるいは「両親が祖父母を介護するのをずっと目の当たりにしていて、苦労をしている中にも人間として尊敬できる姿を感じた」などの理由で、介護士を志す人もいます。

このように実際の現場の厳しい状況を理解したうえで、仕事の高い価値をきちんと認識して介護業界を選んだ人は、強い内発的なモチベーションを持っています。そのため、仕事に就いても、ちょっとやそっとでは心が折れることがありません。

もちろん、実際の仕事環境の厳しさから、日々想定外のことが起こり、心が折れそうになることもあるでしょう（その際に、周囲のサポートがいかに大事かは、すでに述べました）。

それでも、内発的なモチベーションを明確に持っている人であれば、つまずくたびに、「介護を通じて誰かの役に立ちたい」「お年寄りと接するのが好き」「誰かのお世話をするのが好き」という原点、自分の価値観に立ち返ることができます。そして、「それでもこの仕事がやりたい。頑張ろう」と自分を鼓舞することができます。

何かあったときに自分が立ち返ることのできる原点を自分の中にはっきりと持っている人は、逆境に強く、心が折れにくいのです。

このように、自分にとって何が大事なのか、モチベーションの源泉に気づくと、それを守るため、あるいは得るために、最大限の努力をしようという覚悟ができ、レジリエンスは高まり、多少の苦労にも耐えることができます。

逆に、そのような自分のモチベーションの源泉を何も考えないで、言われたことだけをやっているのはたいへん危険な状態です。周りの環境や上司によって、いかようにも振り回されてしまいます。「まな板にのった鯉」と同じで、相手の意志でいかようにもされてしまうのです。

心が折れやすい人、折れにくい人には、このような違いがあります。

職場適応には2つの側面がある

この介護士の例に見られるように、その人の持つ内発的モチベーションは、職場適応がうまくいくかどうかに、大きく関わってきます。

職場適応には大きく分けて2つの側面があります。

1つは「仕事上の側面」です。これまで書いてきたように、当人がやりたい仕事であるかどうか、その仕事に喜びや楽しさ、やりがいを見いだせるかどうか、つまり内発的なモチベーションに合致した仕事かどうかという部分がまず大きいでしょう。

さらに、働き方が合っているかどうかという問題もあります。ほかの人に比べて体力に劣るのに長時間労働や肉体労働を強いられるような場合は、この点でつまずくことになるかもしれません。

また別の角度から、求められているレベルの仕事をこなせるようなスキルを当人がきちんと持っているかどうか、身についていなくてはいけないものがその時点できちんと備わっているかどうかという問題もあります。あとで例を出しますが、この点で職場適応に失敗しているケースは、少なくありません。

もう1つの側面は、「人間関係」です。その職場の人間関係にうまく溶け込み、よいチームワークを築けるかどうか。

これも非常に大事な点で、仕事自体はその人に合ったものであっても、会社の人たちとコミュニケーションがうまくとれなかったり、上司とのコミュニケーション不全により、職場不適応になるというケースは後を絶ちません。

なぜIT関連技術者には不調が多いのか

ここで、職場適応につまずいた例を挙げてみましょう。

先日、カウンセリングを行ったケースに、こんな方がいました。ある大手メーカーの技術者で、誰もが知る有名大学を出ています。

ＳＥの場合、パソコンに1日何時間も向かっている職業であるためか、私が関わったケースで人間関係が理由となる不調はそれほど多くありませんでした。もちろん、実際にはチームでプロジェクトを進める際に、人間関係が原因になるケースもありますが、それはほかの仕事も同じです。

長時間労働も1章にも書いたとおり、私はメンタルヘルスに直接的な原因につながることは少ないと思っています。

ＳＥという仕事はとにかく残業・休日出勤が多く、長時間労働というイメージを持たれているようで、それがメンタル不調になりやすいと思われがちです。確かに、想像を絶する過重労働によるケースもありますが、これも「やらされ感」の心理的負担が重いという背景があるなど、ほかの仕事と共通する面があります。

ところが1章でも触れたとおり、私が出合ったケースでは、ＳＥの不調の原因が多い背景として、「その人の技術の水準が、求められる技術レベルまで達していないから」というケースが多かったのです。

納期までのスケジュールが過酷で「120時間残業が3カ月続く」という状況でも、業務に必要な水準まで技術レベルが達している人であれば、不調になるケースは実はそれほど多くはありませんでした。

相談者の方は、自分の技術レベルが劣っているのを自覚していながら、本人は何が問題なのか、なぜ不調になったのか、今の自分に足りないものは何で、どうすればそれを解決できるのか、その原因をしっかりと見つめようとしていませんでした。

この場合、難しい面もありますが、上司やプロジェクトリーダーに「私に求められている仕事について、私は××の技術がないので、これ以上この案件を進めることができず困っています」と正直に言えばいいのです。

上司やリーダーがきちんとしている人であれば（そうでない人が多いのが困るのですが）、××の技術を有する人にカバーしてもらうなど、組織としての解決策を考えるでしょう。

しかし、その方は、「××の技術がない」と言えば、職場に自分の居場所がなくなると思い込み、言い出せないとのことでした。必要な技術がないまま業務を進めているため、仕事はどんどん滞り、負担に耐えきれずついにメンタル不調になってしまったのです。

不調になりやすい職業、なりにくい職業

では、労働時間の多寡が本質的な原因でないケースがかなり多いとなれば、なぜＩＴ関連の技術者に不調が多いのでしょうか。

それは求められる技術水準の幅が多岐にわたっていて、しかも次々に新しい技術が生まれ、それをどんどん吸収していかなければならない、さらにそれに向き合えず、キャッチアップできないことが不調の原因になっていることが意外に多いからです。

世の中には、一定の範囲内で技術を習得すれば、その範囲内で働き続けられる業務もあります。そういう仕事に就いている方は、スキル面の不足が原因になって不調になることはあまり多くありません。

もちろん、複雑な知識・技能が必要な仕事に就いている方も、そうでない仕事に就いている方も、本書で説明しているような「心が折れる職場」の問題によって、同様にモチベーションが下がることはあります。

しかし、モチベーションが下がった際の行動には大きな違いがあって、私の経験から言え

ば、難しい仕事をしている方は不調に陥ってしまうことが多いのに対して、そうでない仕事の場合は、離職してしまうことが多くなっています。

その点から考えると、先に1章で紹介した教師や介護士、看護師の方々に不調が多いのも、仕事の範囲が複雑で、どこまで何をやればいいのかが明確になっていないことが大きな理由になっていると考えられます。

仕事の相手は、1人ひとり違う人間です。それぞれに合わせて、対応を考えなければならないので、経験に基づく知識やスキルが必要になります。しかも多くの場合は、どんなに若くても、現場では個人の判断に任されます。

その結果、すべて1人で向き合わなければならないという窮地に追い込まれがちで、最後には誰かが救いの手を差し伸べなければ、不調になってしまうという事態になりやすいわけです。

急に太る人が続出した部署は要注意

ちなみに、不調のサインとしてこのような話題もあります。

「あの人最近一気に痩せたようだけど仕事大丈夫なのか」と心配される人が職場にいることがあります。

しかし、逆の場合、「最近あいつ太ったな。仕事が大変なのかな」という発想をする人はあまりいません。「食べ過ぎだな」「年齢のせい」と片付けられてしまいがちですが、実は急激に太るというのは、メンタル不調の隠れたサインであるケースがあるのです。

ストレスが高いと、一般に食欲がなくなると思われがちです。ところが、仕事のストレスで太るというのはよくあることです。なぜ太るのでしょうか。

ストレスが身体に与える影響には、急性的な結果に出るものと、慢性的な経緯をたどるものがあります。

急性的なものでいうと、ストレスを受けると副腎皮質刺激ホルモンが分泌され、その結果、成長ホルモンの放出を抑制して、ノンレム睡眠とレム睡眠が減少します。質の高い睡眠とは、このノンレム睡眠とレム睡眠が交互にバランスよく続いていくものですが、ストレスにより睡眠障害が起こると、意欲低下につながり、動きたくなくなります。

さらに、ストレスにより「お腹がいっぱい」というサインを出すレプチンの活性が低下して、食欲を増進するグレリンも脳内に増えていき、結果的に体重が増加してしまうわけです。

簡単に言えば、急性的なストレスを受けると同時に、睡眠が影響を受ける。その睡眠から運動への意欲低下と、食欲を抑えるホルモンの活動の低下、そして食欲増進のホルモン増進が相まって、体重が増えてしまうわけです。

慢性的なストレスはどうなるのでしょうか。こちらも、急性的なストレスと同じように、副腎皮質系の過剰反応から「メタボ」が進みやすくなり、中性脂肪が増えていくのです。また、自律神経の交感神経が高まるので、さまざまなホルモンが出て、脂肪をつくるホルモンへと結びついていくのです。そうすると、生体の中のホルモン自体が脂肪をつくっていってしまい、体重増加につながっていくのです。

加えて、ストレスを受けるとライフスタイルが悪化します。つい食べ過ぎたり、運動習慣がなくなってしまったり、お酒を飲むことにつながりやすくなります。この3つが合わさって、体重が増えることが多いのです。

さらに気をつけなければいけないのは、さらにストレスが続くとうつ状態になるということです。そうなると、食欲不振になり、体重減少が起こります。

「仕事の負担が重くて痩せてきた」というのはすでにこの段階に進んだと言える状態です。ですから初期のサインとしては体重増加という形となることにも注意する必要があるのです。ちなみに「うつ病」の診断基準では、食欲の不振ではなく、「体重の減少、または増加」となっています。

もしある部署で太り始める人が増えてきたならば、その組織に心理的なストレスがかかってきているサインという可能性もあります。注視する必要があるかもしれません。

4章

90分のメンタルヘルス研修で、不調者が増える理由

メンタルヘルス研修が職場の不調者を増加させる

「毎年、うちの会社は全社員向けのメンタルヘルスケア講習をやっていて、新しく管理職になる人に向けた新任管理職研修でも、部下を不調にさせないためにメンタルヘルス講習を組み込んでいるんですよ。でも、一向に、不調になる人は減りません。どうしたものかと困っているんです。あれだけやっているのに、なぜなんでしょう」

企業の方からこのような相談を受けることがあります。

講習を定期的に行っているにもかかわらず、不調者は増加する一方で、効果が見えない。これが続くと、そのうち、「毎年、講師を呼んでメンタルヘルス講習をやったとしても、意味がない」「経費の無駄遣いではないか」と思ってしまうケースもあるようですが、そんなことはけっしてありません。

講習は正しくやれば、確かな効果が得られるものですし、正しく取り入れて不調者の発生を未然に防ぐことに成功した企業はいくらでも知っています。

ただ、今、多くの企業が取り入れている「90分程度のメンタルヘルス講習」に関して言えばどうでしょうか。

このような短時間の講習でメンタル不調者を減らせると考えるのであれば、その効果は限りなく薄いと最初から覚悟しておかなければいけません。

そればかりか、むしろ90分のメンタルヘルス講習によって、かえってその職場に不調者を増大させてしまう可能性があるのではないかと思っています。

新任管理職研修のデメリット

とくに、デメリットが大きいと思っているのは、新しく部下を持った人のために、新任管理職研修で行うメンタルヘルス講習です。

通常、新任管理職研修は、コンプライアンスや会社の制度の仕組み、マネジメントや業務について、会社の経営方針やビジョンについてなど、多岐にわたったさまざまなプログラムがあります。プログラムによって、人事部が担当したり、役員が担当したり、いろいろな人が講師になる形で2～3日かけて行うのが一般的です。

メンタルヘルス研修はその中の1つのプログラムとして組み込まれることが多いのです。するとと、必然的に短時間の講習になります。

そこで行われる研修内容とはどんなものでしょうか。

短時間で必要事項を詰め込もうとすると、「規則正しい生活習慣が大事」「リラックスが大事」「部下に厳しく叱責しすぎてはいけない」など、誰でも知っているような内容になってしまいます。

メンタルヘルスに対して意識の低かった10年前ならいざ知らず、今は、ネット・メディアでも頻繁に関連記事が流れますし、新聞やニュース番組、ビジネス誌でも特集が組まれたりする時代です。誰でもある程度の知識は持っているものでしょう。

そんな誰でも知っている内容について、改めて専門家を招いて話をしたところで、なんの意味もない研修になるのは自明です。それどころか「そんなの知ってるよ、早く終われよ」と思われてしまいかねません。

管理職に研修を行うと、心が折れる部下が増えるのはなぜか

新任管理職研修で、浅い内容のメンタルヘルス研修を行うことには、職場全体に関わるデメリットもあると私は思います。

自分が管理職になったとき、会社がプログラムを組んだ研修が「概要程度」の内容であれば、研修を受けた管理職は「それぐらいのことはもう知っているから、自分は今のままの対応で十分だ」と思ってしまいます。

「もう十分だ」と思ってしまうと、部下に対して、今よりも進んだ対応を行うことはほぼありえません。

もしかすると、その講習の受講者の中には、露骨でない形のパワハラをしていたり、2章で取り上げたような「言うだけ上司」「聞くだけ上司」がとる行動など、部下のメンタルヘルス不調に対して問題のある態度をとっている人も紛れているかもしれません。

将来、部下をメンタル不調に追い込む上司予備群が、研修の受講者の中に何人もいるかも

しれないのです。

しかし、誰でも知っているような表面的な内容の研修では、そういう人たちも自分のスタイルを崩さず、むしろ「やはり自分は部下を追い込むような対応はしていないな。これでいいのだ」と自信を持ってしまい、間違った解釈で部下と対応することになります。

これを防ぐためにも、新任管理職の方々には、研修で「メンタルヘルスについて、自分は知らないことばかりだ」と思わせなくてはなりません。

実際に私が、踏み込んだ内容の研修を行うと、新任管理職の方たちも目がギラギラし始め、身を乗り出して聞くようになります。

そして、「先生、こういうケースはどうなんですか？」「こういう部下にはどう対応したらいいですか？」と多種多様な質問が活発に出て、非常に活気にあふれた研修になります。これでこそ、管理職研修の意味があります。

新しい知識にふれた管理職たちは、「自分の知らないことばかりだった。これから勉強していかなければならない」と思い、部下への対応に関して今まで以上の研鑽を積むようになるのです。

このように、時代や働き方が変わっているにもかかわらず、同じような研修内容のままでは、職場が改善されることはありません。

「規則正しい生活習慣」の無意味性

表面的な研修のもたらす問題についてもう少し見てみましょう。たとえば、よくある90分のメンタルヘルス研修で必ずと言っていいほど登場するのが「規則正しい生活習慣が大切」というフレーズです。

この、おきまりのフレーズを聞いたところで、今さら新しい発見はありません。むしろ「そうですか」と耳の中を言葉が素通りしていくような感覚に陥るのではないでしょうか。

実際の仕事の現場では、深夜残業を余儀なくされることもありますし、昼夜交代制で働いている人もいる。職種によっては、突発的な対応を必要とされ、早朝や深夜に呼び出されて対応しなくてはいけないようなこともあるでしょう。

医療関係者、教師、技術者、24時間対応が必要なコールセンターや工場、マスコミ……すぐ思いつくだけで、規則正しく生活できそうにない職種が、この世にあふれていることがわかります。

誰だって規則正しい生活習慣が望ましいことは知っています。しかし、仕事の実態に即せば、規則正しく働くことなどできないケースは多々あるのです。

にもかかわらず、「規則正しく生活しましょう」とありふれたことを言われても、ほとんど意味がないのです。むしろ、「今の勤務形態で、どうすれば規則正しくできるのか教えてくれよ！」と、かえって不満が募り、ストレスを感じてしまいます。ますます研修に耳を貸さなくなってしまいます。

肝心なのは、規則正しく生活できない事情をまったく踏まえずに、むやみに規則正しい生活を推奨することではなく、どうしても不規則になりがちな生活の中で、何に気をつけていけばよいか、何をどう生活の中に取り入れていくか、という具体的に役立つ考え方です。

しっかり身体を休めるための睡眠をとるにはどうしたらいいのか、ストレスを解消するための運動はどういうふうに行えば効果的かといった、実際に励行できる方法を示すことが大切です。このような知識を身につけていれば、多少不規則な生活が続いても、その人なりに生活習慣に気を配り、心身のメンテナンスをする助けになるかもしれないのです。

「睡眠は重要」という、おきまりのフレーズ

たとえば、睡眠について考えてみましょう。おきまりの研修では、必ずと言っていいほど、メンタルヘルスにおける睡眠の重要性が組み込まれています。

しかし、「睡眠が大事ですよ」というのは、管理職の年代にもなれば、人生で何百回も耳にしているフレーズです。そんなことを改めて聞いてなんの意味があるのでしょうか？

睡眠を十分にとりたくても帰宅が遅くなってしまう人のために、具体的な提案を行うほうがよほど役に立つのではないかと私は思います。

「なかなか寝付けなかったり、早朝覚醒するのはメンタル不調のサインです」というのも研修では、おきまりのフレーズになっていますが、受講者はそう教えられたところで「寝たいけど、寝られないんだよね」で片付けられてしまいます。

ではどうすればよいのかを具体的に提示するべきなのです。

睡眠は「1日6時間」より、「2日で12時間」でいい

睡眠については、多くの場合、たとえば「1日6時間」「1日7時間」といったように、基本的に毎日同じだけ寝なくてはいけないと語られます。これを意識しすぎて「1日6時間」という睡眠ノルマを自分に課してしまっている場合、きちんと6時間寝られなかった日があるとそれが気になってしまいます。

「今日は残業で深夜帰りになったから、5時間しか寝られなかった」「なかなか寝付けなかったせいで、4時間しか寝られなかった」と、ノルマ分寝られなかったことが、ちょっとしたストレスになってしまいます。

しかし、帰宅が深夜になり、1日6時間寝られないなどという事態は、仕事をしていればよくあることです。いちいち、それを気にしていたらきりがないのではないでしょうか。

寝付けないときに寝なくてはいけないという思いが、さらに交感神経を高めて余計に眠れなくなってしまうということが起きているのです。

実は、「毎日同じ時間分睡眠をとらなくてはいけない」というのは、それほど強く意識すべきことではありません。

なぜなら、人間の体は、たとえば1日寝不足になっても、次の日は寝不足になった分だけもっと深い睡眠が補えるようにできています。生態学的には、翌日に睡眠をとって寝不足分を補うことができればそれで十分です。ただし、寝不足が2日間以上続くようなら、それは体に大きなダメージをもたらします。

そこで、私は睡眠を2日単位で考えることを実践しています。もし、4時間しか寝られなかったのであれば、不足している2時間分は翌日8時間寝ることで補う、つまり「1日6時間」ではなく、「2日で12時間」を目安にしているのです。

もし深夜まで残業して睡眠4時間だったのなら、次の日はできる限り早く仕事を切り上げて、前日に不足した2時間分の睡眠を補い、8時間眠るようにする。

これなら、仕事が忙しい人であっても、まだ取り入れやすい睡眠の考え方ではないかと思います。

なかなか寝付けない人も、「今日は不十分だが、明日はその分熟睡できるだろう」と考えると、結果的に副交感神経が高まり、入眠しやすくなることがわかっています。

副交感神経を高めれば、寝付きがよくなる

眠れないときにどうすればよいかという提案を軽くお話ししましょう。

寝付けないのは、単純に、交感神経が高まっているのが原因です。ご存じのとおり、人間の健康に影響を及ぼすのは、免疫系、自律神経系、内分泌系の3つです。この中で、より簡単にアプローチできるのは自律神経系です。自律神経とは、交感神経と副交感神経です。

寝付けないという悩みを解決するには、副交感神経を高めればいいのです。そのためには、これは基本的なことになりますが、家に帰ったら仕事のことは考えない、という意識付けを行うことです。

帰宅後に持ち帰りの仕事をするなどもってのほかです。青い光も交感神経を刺激するので、スマホやPCを見るのもやめたほうがいいでしょう。そのかわり、家族と団らんする、ペットをかわいがる、自分の好きなことをするなどして、副交感神経を高めるような行動をとることが大切です。

副交感神経が高まっている状態とは、たとえば、こんなシーンを思い浮かべていただければわかりやすいと思います。昼休みにランチをとり、お腹がいっぱいになる。そして午後一番の会議。その会議で発表や意見を言う機会はなく、ただ1時間ビデオを見なくてはいけない。そのビデオはすでに知っている内容で今さらとくに刺激もない……。

こういう状況に置かれると、ほとんどの人が眠くなります。うとうとして、「マズい」と目覚めては、また眠くなりうとうとする、この繰り返しの状態になります。

この状態こそが、副交感神経がマックスの状態です。リラックスして、気持ちよく、自然に眠りに引き込まれていく。毎晩、寝る前にあの状態が訪れれば、寝付くことは難しいものではありません。いわゆる「バタンキュー」のような眠りがやってきます。

「副交感神経を高めることが意識的にできるのか」と聞かれるのですが、実はこれは非常に簡単にでき、習慣化できるものなのです。高めようと思ったら、自分の意識付けで、どんどん副交感神経は高められます。

私は副交感神経を高める努力を習慣にしているので、ほぼ毎日のようにバタンキューの状態で、ほとんど数分で寝付くことができます。

ここでは、かいつまんで書きましたが、研修ではこの5倍ぐらいの濃度で、どうすれば副交感神経が高まるのかについて話していきます。

食事は「1週間単位」で帳尻を合わせる

食事についても同じです。食事といっても栄養の摂取ではなく、カロリーのコントロールという観点から考えてみます。

好きなものを好きなだけとれば、カロリー過多になり肥満となってしまいます。しかし、好きなものを食べられない、あるいは、カロリーを気にして制限すれば、それはストレスになってしまいます。

先ほど、睡眠は2日単位で考えると書きましたが、私はカロリーのコントロールは週単位で考えています。1日単位でコントロールしていては食事も楽しめないし、大きなストレスになるからです。

私自身は、「カロリーを1週間で帳尻合わせする」という考えで、週末、土日のどちらかに1度はかなりハードな運動をします。ジムで軽く1200キロカロリーを消費します。有酸素運動だけではなく、筋力トレーニングも行うため、その後2〜3日間くらいは筋肉の修復でさらにカロリーが消費されるのです。

たった1日頑張ることで、週のうち半分は好きなものを好きなだけとっても、体重の増加はありません。事実、毎日お酒も飲み、昼食もほとんど毎日大盛りでも、20歳の頃と体重はほとんど変わりません。

確かにジムでの3時間はきついのですが、その先にある、食べたいものを好きなだけ食べられる楽しみや快感は計りしれないものがあります。

同じようにビジネスでも、「今はきついけれども、この先にはこんないいことがある」という考え方は、未来志向を持つうえで大切になるのではないかと思います。

楽しみを最後に残せば、モチベーションが上がる

大切なのは、楽しみはあとに残しておくほうがモチベーションが上がるということです。これは大切なポイントなので少し説明を加えます。

たとえば、ジムで1日1200キロカロリー消費し、毎週通って2カ月で1万キロカロリー消費したら、体重は1キログラム減少するとします。

おいしいものをたくさん食べて、体重が増加してしまったあとから、2カ月かけて体重を減らそうとしてジムで運動するのは苦痛でしかありません。

しかし、現時点で体重の増加がなく、きちんとジムに通って体重が減っていれば、その分、あとから余計においしいものや好きなものを存分に食べられるとなれば、そのジム通いは苦痛ではなく、むしろ楽しみの時間になるのです。

これは、ほかのことにも当てはまるのですが、今は苦痛だけれど、その先に楽しみが待っているという状況は、メンタル不調にはなりにくいものです。

一方、先の楽しみがなく、苦痛だけで終わってしまうということになれば、気持ちの面から考えると、それをやる意味、意義が薄れてしまうので、メンタル不調を起こしやすくなるわけです。

ここでは、食事の摂取をカロリーのコントロールという観点からのみ考えた事例ですが、これは栄養の摂取とは意味合いが違うため注意が必要です。

タンパク質やビタミンなど、必要な栄養素をバランスよく摂取することに注意するという面については、1週間単位ではなく、できる限り短いスパンでの調整が求められるはずです。守るのにストレスを感じるような、厳しいルールに基づいて、毎日の規則正しい生活、睡眠、食生活のパターンをつくるより、自分のライフスタイルに合わせて、しっかりと必要な休息や栄養をとれるようにするにはどうしたらいいのか。

そこをしっかり考えるために必要な知識を補うメンタルヘルス研修も、今は求められていると感じています。

強い運動でなければ、意味がない

「定期的に運動をしましょう」も、「規則的な生活を心がけましょう」と同じように、90分研修のおきまりフレーズです。

では、どのような運動をするのがよいかというと、このような研修では「20分間程度の有酸素運動がよい」と言われます。

そして、もう1つのおきまりのフレーズとして、「もし時間がないのであれば20分でもいいので家の周りを散歩してください」という話を聞いたことがある人もいるのではないでしょうか。

そういう話を研修で学び、「運動は軽いものでも、やったほうがいい」と、会社帰りや早朝に、自宅付近をゆっくりとウォーキングをする人がいます。

しかし正直、心の健康を維持するためという名目で、この程度の運動負荷の低いウォーキングを行っても効果があるとは思えません。

メタボの改善や高齢者の機能維持のためであれば、少しでも体を動かすようにすることは意義があるかもしれませんが、メンタルヘルスの改善には、しっかりと負荷をかけ、運動強度を上げなければ意味がないのです。

「体を鍛えるためには、運動負荷の大きなスポーツがいい」というのは納得できても、「メンタル改善にも負荷が大きいほうが効果的」というのは、不思議に思われるかもしれません。

しかし、負荷の大きな運動によってしっかり筋肉を使うことで、ストレス物質を解消したり、あるいは交感神経に働きかけることができます。それによって、その後、副交感神経をしっかりと高めることができるのです。

意外に思われるかもしれませんが、ストレスには、軽い運動ではなく、負荷の大きな運動こそが効果的です。もちろん限度はありますので、運動習慣のない方が、いきなりアスリートのような負荷をかけてはいけません。故障につながってしまいます。その人に合う形で、徐々に負荷をかけていくことが効果的なのです。

ウォーキングをするのであれば、負荷をかけるために、ある程度はスピードを上げて行う必要があります。

たとえば、「2分間速く歩いて、次の2分間はスローに歩く。それを繰り返して1日15分」といったウォーキングなら効果が見込めるでしょう。それを散歩程度の負荷で20分や30分やったところで、ほぼ効果はないでしょう。

なぜ、この「速い」「遅い」の緩急をつけたウォーキングが効果的なのでしょうか。

速く歩いている時間は交感神経が高まり、筋肉を使うことでストレス物質の解消につながります。そしていったん心拍数を高めたり、交感神経を高めたあとで、またのんびり歩くことによって今度は副交感神経が高まります。これを繰り返すことで、交感神経と副交感神経の高まりに波ができます。

なぜ、ダンスがストレス解消に効果的なのか

ウォーキング以外にも、ストレス解消に役立てたいのであれば、リズミカルな運動がお勧めです。

たとえば、ダンスやエアロビクスなどをテンポよくリズミカルに行うのもよいのです。このような、リズミカルな運動を行うことでセロトニンがつくられます。セロトニンは体内で重要な役割を果たす神経伝達物質で、別名「幸せホルモン」とも言われています。

セロトニンはストレスによって欠乏することがあり、それによって脳内で情報が伝達されていない状態になると、うつ病と診断されます。

もちろんリズミカルな運動によって、セロトニンが生成されれば、それによってうつ病が治るということではないと思いますが、日頃、大きなストレスにさらされている人のメンタル面の改善にとっては効果を持つと思います。

先ほど運動強度についてお話ししたように、「ウォーキングでのんびり歩くだけ」というのに対し、「ある程度のスピードを保って歩き、かつ、リズミカルな運動を合わせることで、

2倍の効果につながるでしょう。

リズミカルな運動について、頻度としては、「1日合計15分間の運動を週に4日」。これでかなり顕著な効果が表れることは、松本大学の根本賢一教授の論文で実証されています。週に4日が理想的ではありますが、難しければ、週に2日、3日でも、効果はあるでしょう。

このように運動の重要性を説くのであれば、具体的にどんな運動がどのような作用を及ぼして、それがどういう効果をもたらすのかまで話さなければ意味がありません。せっかく時間をつくってウォーキングをしていても、実は狙った効果が何も得られないのは、よくあることです。

風呂の入り方を間違えると、寝付けなくなる

「お風呂でリラックスすると寝付きがよくなります」。これもよく言われますね。

しかし、この「常識」も要注意です。入り方によっては逆効果になってしまいます。聞いたことのある人もいると思いますが、寝る1時間前以内の、42度以上の熱いお風呂はリラッ

クスどころか、寝付きが悪くなる元凶です。熱いお風呂に入ることで交感神経が高まってしまうからです。

就寝直前の熱いお風呂には、交感神経の高まりにより深い睡眠構造が得にくくなるという点以外に、デメリットがもう1つあります。

睡眠にはノンレム睡眠という深い睡眠が4段階あります。レベル1〜レベル4まで徐々に深くなっていくのですが、もっとも深い睡眠のレベル4に達するまでに体温が1度程度低下するのです。

しかし熱いお風呂で深部体温まで高めてしまうと、最初の寝付きから体温低下が起こりにくくなります。

その後、睡眠が続いても、温まった体温がなかなか下がらずレベル3ぐらいでとどまってしまう可能性もあります。すると、十分な睡眠時間をとっても、一番深い睡眠がとれていないことになります。

ですから、熱いお風呂に入るのであれば、寝る2時間前ぐらいまでにしましょう。これぐらいのインターバルがあれば、寝るまでに体温も下がり、また交感神経も下がるので、入眠に対しては悪い影響をもたらさないようになります。

アルコール依存症になる人に生粋の酒好きは少ない

「お酒は適量」も、パターン化されたメンタルヘルス研修における紋切り表現の1つです。メンタルヘルスの観点からいうと、お酒は完全な「悪者」とは言えません。もちろん、飲み過ぎはカロリー摂取量が増え、体重増加につながりますし、アルコールによって健康を害します。

ただし、全体として、日本人のアルコール摂取による健康問題は、欧米などに比べて少ないようです。海外ではアルコールとうつ病の相関関係が問題になることもありますが、その場合の摂取量は驚くほど多かったりもするのです。

アルコール摂取に関しては、飲む量は個人によって分解能力が違うので、一概にどれくらいが適量とは言えないのですが、問題は「飲み方」です。どんな飲み方に問題があるのでしょうか。

基本的に、つらいことがあって、それを紛らわせるためにお酒の力を借りる飲み方は危険を伴います。こうした飲み方をしていると、アルコール依存症になりやすいのです。「アルコール依存症になるのは酒が好きな人」というイメージがあるかもしれませんが、好きが高じてアルコール依存症になる方は、きわめて少ないのです。

依存症に陥ってしまうのは、「お酒が好きだから」「飲み会が楽しいから」という理由で飲酒する人よりも、人生のつらさに耐えきれなくなり、苦痛を紛らわすために飲んでしまうタイプの人が多いのです。

苦痛から逃れるために飲酒をするタイプの方の場合、自制がきかずに毎日飲んでしまいますし、量をコントロールできずに問題を起こしたり、やがては昼間もお酒を飲むようになり、依存症に陥ることがあります。

心のために効果的なお酒の飲み方

一方で、お酒について、適量を守り、楽しく飲んでいると、メリットがデメリットを上回るという統計も出ています。アルコールを摂取している人のほうが、飲まない人よりも病気になりにくいというデータです。ここで言われる適量とは、1日にビールの中瓶1本、日本酒1合ぐらいです。「少ない」と思われる方も多いと思いますが、晩酌を楽しむということであれば、これくらいで十分かもしれません。

アルコールは、仕事モードになっていた頭をくつろぎモードに切り換えて、リラックスに導くという意味で、メンタルヘルス面でも効果があると言えます。さらに、夕食時に適量を飲む程度であれば入眠しやすくなるという効果もあります。

気をつけなければいけないのは、酒量が増えすぎると、睡眠構造を浅くしてしまい、深い睡眠に達しなくなることです。

加えて、アルコールには利尿作用があるので、トイレに行きたくなります。夜中に何度かトイレに行くと、中途覚醒が増えてしまい、やはり十分な睡眠がとれなくなります。

もう1つ注意しなければいけないのは、アルコールは耐性があるので、これくらいでいいと思っていた量が増えていく可能性があることです。そして、度を超えて習慣化してしまうと、「そもそも飲まないと眠れない」というふうになってしまいます。

ですから、お酒は楽しく飲み、適量ならばメンタルヘルスにとってメリットにもなりますし、つらいときに飲み、しかも量が多すぎるとデメリットになると心得ておくのがいいかと思います。

なぜ90分ではなく、まる1日の研修が必要か

さて、ありがちな企業のメンタルヘルス研修の内容がいかに無意味かについて書いてきましたが、そもそもなぜこのような浅い内容になってしまうかというと、章冒頭で書いたとおり、単純に90分間では時間が足りないからです。

私は十何年も前から管理職向けには、90分間で済ませず、少なくともまる1日を使ったメンタルヘルス研修が必要だとずっと主張しています。

今、管理職に求められているのは、誰でも知っているような、「概要」程度のメンタルヘルスの知識では決してありません。

10年前なら概要程度でよかったでしょうが、現在では、もっと深い知識を紹介しなければなんの意味もないのです。

たとえば「従来型うつ」と「新型うつ」の病態の理解や、発達障害が原因になって不調になる方の増加、パーソナリティ障害が原因となる不調の方もいます。さらに、精神医学の基礎知識や、安全配慮義務についてケーススタディで学ぶなど、深くまで教えなければ、研修は意味を持ちません。

「うつ状態で3カ月の休養が必要」……その部下は「うつ病」か?

私は誰でも知っているような表面的な知識にあえて時間を割かず、あまり知られていないであろう内容を重点的にやるようにしています。

私がよくやる、研修の取っかかり、いわゆるツカミはこのようなものです。

「上司であるあなたのところに、部下が診断書を持ってきました。そこには『うつ症状があり、3カ月の療養が必要』と書いてあります。さて、あなたは、その診断書を持ってきた部下のことをどういう病気だと思いますか?」

すると、ほとんどの受講者の方は、「うつ症状があるなら、うつ病じゃないの」と答えます。

ところが、これは正解ではありません。うつ的な症状があればすべて「うつ病」かと思ってしまうと、それは間違いです。

実は、「うつ病」と診断されている中にも、ほかの「気分障害」ではないかと指摘されているものがおよそ4割あるという報告もあります。

たとえば、気分障害としては、不調になって、どん底を迎えて、症状がなくなるというのが普通のうつ病のエピソードですが、これの少し軽い状態が2年間ほど続いてしまう「気分変調性障害」というのがあります。

さらに、ずっとうつ状態でいるわけではなく、ときどきは軽い躁の状態になることがあり、軽いうつと軽い躁の状態が2年以上にわたり繰り返し起こる、「気分循環性障害」というものもあります。

これは、一般では「躁うつ病」と呼ばれる双極性障害に近いのですが、軽いうつと軽い躁が双極性障害よりも小さな波で、長い期間続く病気です。もちろん、うつ病のエピソードがあり、過去に躁や軽躁がある病態の双極性障害Ⅰ型、Ⅱ型などもあります。

さらに言えば、気分障害と診断されている中の4割が、環境との適応がうまくいかずに不調になる「適応障害」ではないかという指摘もあります。

うつ状態の患者さんが、このうちのどれに当たるのか、うつ病なのか、ほかの気分障害なのか、あるいは適応障害なのか、それを初診で見きわめるのは、実は心療内科や精神科医の医師にも難しいことです。

ここに「うつ」の難しさがあります。きちんと診断ができ、適切な薬が処方できれば、多くのケースで寛解に向かうのですが、初診でその人の症状を見きわめるのはあまりにも困難です。

どん底のうつ状態なのか、軽いうつなのかの見きわめも難しいですし、躁があるかどうかは本人に話してもらわない限りわからないことです。最低でも1時間ぐらいの会話や問診をしなければ、その人の状態を正確に把握することはできません。

そのため、会社に提出される診断書には「うつ状態」とだけが書かれていることが多いのです。

うつ状態の正確な診断は専門家にも難しい

このように、「うつ状態」といっても、いろいろな病気が原因になって起こり、その判断は専門家にとっても非常に難しいものです。

もちろん企業の管理職がそこまで専門的な診断を行う必要はありません（そもそも診断できるものではありません）が、うつ状態の背景にいろいろなケースがあると知っておくだけでも、非常に大きな価値があるのではないでしょうか。

たとえば、診断書を持ってきた部下が、先ほど挙げた「気分循環性障害」だった場合、実際にはうつ状態と躁状態が繰り返していても、端から見れば、不調のときしか目につかず、「なぜこの人はうつの再発を何度も何度もしているんだろう。心の折れやすいヤツだ」というふうに見られることが多いのです。

しかし、周囲の人が気づいていないだけで、本当はその部下には軽い躁になっているときもあり、その波の繰り返しで今の状態を過ごしているのかもしれないのです。それを単に「心が弱い」と片付けてしまっては、なんの解決にもなりません。

あるいは、うつ症状の診断書を持ってきた部下は、「適応障害」かもしれません。適応障害は職場の環境がその人に合っていないことが原因になって起こりますので、治すのは薬ではなく環境調整です。つまり、職場の長である上司自身が、部下を治すということになります。


こうした話を、研修で私がホワイトボードを使って説明すると、受講者たちがとたんに関心を持ってくれるのがわかります。

「気分循環性障害なんて聞いたこともない」「何それ？ うつ病とどう違うの」「知らないことばかりだな」と関心を持ってもらえるようになり、そのような深みを持った内容にすることで、1日を通して研修に食いつくような聞き方になるのです。

よく研修を企画する方から、「まる1日なんて、とうてい無理ですよ。2時間でも飽きられたり、居眠りする社員がいるんですから」などの言葉をよく聞きます。

それは飽きられるような内容しか話さないからいけないわけです。まる1日の研修をやっても、内容に新鮮味があれば、「もっと聞きたかった」「2日間でもいい内容だと思う」などの言葉をいただきます。まして居眠りする方は皆無です。

正しい研修が生産性向上につながる理由

管理職にとってのメンタルヘルス研修は、不調者を出さないというメリットをもたらすだけではなく、本来、上司になる人が備えておくべき心構えにもつながってくると思います。

2章で書いたような部下への対応や、3章で書いた承認とレジリエンスの仕組みについて知ることは、部下が不調に陥るのを防ぐだけではなく、部下のやりがいを高め、さらには成長を促進させることに大きく寄与していきます。

つまり、上司が正しいメンタルヘルスの知識を得ることは、職場の生産性を高めやすくなり、企業の業績向上に結びついていくのです。

そのことに気づいた企業は、「健康経営」を正面に掲げ、従業員の心身の健康への配慮に戦略的に取り組んでいくようになります。

5章

心が折れない職場とは?

会社に来られなくなる前の、危険なシグナル

本書は、メンタル不調者がなるべく少なくなるように、深刻な状態のきっかけとなる「心が折れる」職場とはどんなものか、それを防ぐにはどのように考え、どう対策をすればいいのか、という観点で説明をしてきました。

しかし、それでも不調というのは、完全に防げるものではありません。では、どんな兆候によって、シグナルを見逃さずに対処することができるのでしょうか。

「最近、あの人はいつもと様子が違うかもしれない」

そのように周りの人が気づけるのは、ほんの一部かもしれません。実際に、不調を抱えて会社を休んでしまってから初めてわかるということも多いでしょう。

私のところに相談に来られる方たちも、たいていの場合、かなりメンタル面での不調が顕在化しています。本人が、自身の不調を自覚している場合もあれば、上司や人事部が察知して、カウンセリングを受けるようアドバイスを受けて来られた方もいらっしゃいます。

時には、そこまで悪化しているという自覚がなく、仕事やプライベートで悩みがあるとい

うレベルでいらして、話をしていくと、「これは不調に近い」とか、「すでに不調になっているな」と思う方もいます。この場合、職場では周囲からもメンタル不調とは認識されておらず、本人にも自覚がない場合があります。

では、どのような点を気にかけるのでしょうか。

私は医師ではありませんので、精神疾患について診断をすることはできません。ただし、米国精神医学会のDSM－5という精神障害の診断と統計マニュアルのうち、うつ病についての9つの指標はいつも頭に置いておき、会話の中で聞くようにしています。

各項目については、正確に記さないと誤解が生じる恐れがあり、それをすると読みにくくなってしまうため、あえてここには書きませんが、会話をする中で、抑うつ気分について、睡眠や食欲に関して、またやる気についてなどをうかがい、診断基準と照らし合わせるようにしています。

こうした診断基準と照らし合わせるというプロセスについては、専門職の領域です。「疾病性の問題」、つまり病としてのさまざまな症状が出ているということになれば、医療の対象になります。

私たち、また職場の周囲の方々は、それ以前の問題、つまり「事例性の問題」がないか、について注意する必要があります。事例性とは、職場での勤務に関して、何か支障をきたしていないか、ということです。

たとえば、勤怠についてはどうか（いつもどおり働けているか、無断欠勤などをしていないか）、ルーチン（一連の通常作業）の業務が滞るようになっていないか、ミスが増えていないか、納期など業務上の期日が守られているか、会議での発言はどうか、挨拶をしているか、ふさぎ込んでいないか……といったポイントになります。

他人と比べずに、過去と比べる

これらの「事例性の問題」のポイントについて重要なのは、以前はできていたことが、できなくなったのかを見ることです。Aさんであれば、以前のAさんと時系列で比較するわけです。誰かと比べるのは、個性の問題になりますから、まったく意味がありません。

そうして観察をして、問題があると判断すれば、なるべく早めに専門的な医療機関の受診を勧めたり、カウンセリングを受けるよう勧めなければいけません。

このお話しをすると、「職場に明らかに様子がおかしい人がいたとして、上司を含め周囲の人たちからは、病院に行けとか、カウンセリングを受けろとは言いにくい」という反応が返ってくることがあります。

確かに難しい問題です。私もかつて、ある地方自治体の相談員を務めていたことがありますが、当初は「やはり相談しづらい」「紹介しづらい」という話があって、相談窓口を利用する方が少なかったことがあります。

ですから、相談窓口の役割について、何度も発信していかなくてはいけないと思います。「ここはプライベートについての悩みでも、キャリアについての不安でも、なんでも話していい場所です」というメッセージを発しました。

また、私はメンタルトレーニングに関する活動もしているので、「不調や病気に一切関係なく、目標をいかに高めるか、モチベーションをどうコントロールするかというお話も大歓迎です」という話をどんどん広げていったところ、いろいろな方が相談に訪れるようになりました。

このように、「職場の悩みが相談できる場」「上司についての愚痴が言える場」「どうモチベーションを高めるかなどのポジティブな問題も含めて相談できる場」のように、相談窓口を訪れるハードルを下げるような啓蒙をすることで有効に機能すると思います。

メンター制度が形骸化するのは、面倒だから？

不調者への対応、悩みの相談以前の課題として、職場や業務への適応を円滑に進めるため、メンター（仕事上の助言者）制度を設けている会社も増えてきていますが、形骸化しているところが多いのが実態です。

メンターはとてもいいシステムだと思いますが、それは「新入社員が困ったことを相談できるマッチングシステム」だからではなく、むしろ「メンター」という役割を果たすことで、その人が大きく成長できるからです。これを、実施する企業サイドが勘違いして、「メンター制度は、新入社員のためだけにやるもの」と思ってしまい、メンターになる側に自らの成長を意識させるということを行わないため、結局、効果が表れないことが起きているのです。

つまり、自分と立場が違う人にいかに自分の思いを伝えるか、相手に語ってもらうか、どう人と関わっていくかということをメンターとして学ぶことで、自身がマネジメントする立場になったときに、大きく役に立つことになります。

メンターを務めるということは、そうした学びの場であると、メンター自身が強く認識しておく必要があります。「相談にきたら対応しよう」という受け身の態度、あるいは「時間をとられて面倒だ」というネガティブな意識が蔓延しているから、せっかく制度をつくっても形骸化してしまうのです。

さらにいうと、メンターが、セルフケアやメンタルヘルス、キャリアの知識などをしっかりと学ぶ必要があると考えています。

私自身もメンター教育に関わっていますが、メンタルヘルスの基礎知識、傾聴のトレーニング、アサーティブ（主張）な発信、「新型うつ」などの知識といった、しっかりとした土台づくりをサポートするようにしています。

近年は「新型うつ」が話題になっています。詳しくは拙著（『「新型うつ」な人々』日経プレミアシリーズ）を参照いただきたいのですが、これまでは「怠け病」などと片付けられがちだった状態にある人々にも、それぞれに疾病、障害、また職場環境、労働実態などの多種多様な背景があり、そのことを理解しなければ、適切な対応はできません。

こうした「新型うつ」の傾向を知っているだけで、「この人は自己中心的だ」「責任転嫁ばかりしていて無責任だ」といった怒りにしかつながらなかったのが、「もしかすると新型うつの兆候かもしれない」というふうに、慎重な見方になるかもしれません。

「新型うつ」の人への対応も、職場の方が気にかけたり、育てるという意識を持ったりすることで、互いによりよい関係を持つことができることも多いのです。

メンター制度を機能させ、効果を得るためには、「新入社員だけのための目的ではなく、むしろ、メンター側のメリットが大きいためにやる」という目的とメリットを、事務局がしっかり把握し、社員に発信していることが不可欠です。

そして、メンターになる側が実際に新入社員から相談を受けたときに困らないよう、必要な知識やスキルを高めてから、制度をスタートさせる。さらに、事務局は制度がスタートしてからも、そのまま放置することなく、メンター側へ、スーパーバイズ（監督・指導）を行うなど、サポートを充実させる。これがメンター制度の形骸化を防ぐための秘訣となります。

復職者を特別扱いしてはいけない

不調になってしまった人への対応についても、具体的に何を、どのようにすればいいのかも考えなくてはなりません。

「私の職場には、メンタル不調になった人はまだいない」という方もいらっしゃるでしょうが、これは決して他人事ではないのです。

なぜなら、不調になった方への対応を知ることは、多くの社員が働きやすい職場をつくり、心の健康を維持・促進するために重要なファクターだからです。それは、以下のような理由からです。

私が実際に管理職研修をしていると、数人に1人くらいは、自分の部下が不調になった経験を持っています。そして、研修やセミナーの際には、マネジャーや企業の人事部門、労務部門などで働く方から、さまざまな質問をいただきます。その中で、多いのが次のようなものです。

「メンタル不調で休職になった社員が復職することになったのですが、どのように接すればいいのでしょうか。やはり、あまりしつこく話しかけずに、静かに見守ったほうがいいのでしょうか。それとも積極的に話しかけたほうがいいのでしょうか」

これに対して、私はこう答えます。

「なにも特別に考える必要はありません。ほかの社員と同じように接することが、むしろ重要です。普通に接してください」

すると、多くの方は「それでいいんですか?」というような表情を浮かべますが、私には、なぜ復職する方を特別扱いしなければいけないのか、そのことのほうが大いに不思議です。なぜ、「ただ見守るだけ」と「特別、積極的に話しかける」の両極端にしてしまうのか。

休職をして、復職をする方は、それだけでかなりのストレスを抱えます。腫れ物にふれるようにじっと見られれば、本人からしても、「自分は特別な存在なんだ」と何かレッテルを貼られたような気分になってしまうでしょう。

反対に、職場に居る間、ずっと気にかけられ、何かにつけて頻繁に声をかけられても、鬱陶しく感じるにちがいありません。

不調者の方を前にした周囲の方々の反応や行動は、このように、いつも両極端に振れがちなのですが、それはむしろ、不安や心配を招くだけだと思います。ですから、「ほかの社員と同じように」、そして「『見守るだけ』と『特別積極的に話しかける』のちょうど中間ぐらいを意識して」接していただくのが一番だと思います。

叱責が飛び交う職場の危ない「普通」

問題の本質は、「普通に接すると、また不調になってしまうのではないか」と、周囲の人々が考えていることにあります。

もちろん不調を抱える方には、それぞれ個別の理由があるかもしれませんが、仮に「うちの会社の普通の接し方」に、症状を悪化させるような問題、要素があるという意識が少しでもあるならば、そこを改善すべきです。

不調を抱える人と、抱えていない人はまったく同じです。たとえば、「普通に接する」の意味に「厳しく接する」というニュアンスが含まれるなら、その「厳しさ」の中に、職場の空気を悪くする要素があるのかもしれません。

象徴的なのが、職場のメンバーに対して「指導」をしているのか、それとも「叱責」をしているのか、という問題です。

職場の中で「叱責」が頻繁に飛び交うような状態、つまり上司や先輩が部下や後輩に対して、非難、批判、侮辱、攻撃を日常的にするような職場なら、まずそれをやめなければいけません。いま心身が健康な人も不調になる恐れが強いからです。

仕事を進めていくうえで必要なのは適切な指導です。感情をぶつけることではありません。

復職者対応に、手っ取り早い方法はない

また、メンタル不調の方が復職される職場のマネジャーから受ける相談で、「その考え方は間違っている」と思うのが、「手っ取り早く、一番簡単な復職者への対応法を教えてほしい」というものです。

これを聞かれれば、「そんなものはありません」としか答えようがありません。

なぜマネジャーが、「手っ取り早く、簡単な対応法」を知りたがるのか、その心底に、「なんで自分が、こんな面倒なことに巻き込まれなくてはいけないんだ。これ以上、関わりたくないが、仕方ない。上司として最低限のことだけやっておけばいい」という意識があるから

なのです。

その意識が根本的に間違っているように思います。また、このような考え方を持つ上司は、ほんの軽い気持ちで、こんなことを口走ってしまったりします。

「そんなことにクヨクヨするから、君は不調になっちゃうんだよ」

「そういう考え方自体が、今回の休職の要因としてあるんじゃないのか」

このようなデリカシーに欠けた発言は、相手に深いダメージを与えてしまいます。

おそらく、ほかの部下に対しても、「だから、お前はダメなんだ」「そんなことだから、ミスし続けるんだ」といった人格否定の発言をしているのではないでしょうか。これが繰り返されると、職場の空気は悪くなり、心が折れる人が続出してしまいそうです。

一番大切なのは、復職者とそれ以外とを分ける意識の根底に何があるのか、そこを突き詰めて考えることだと思います。

「頑張れは禁句」は、間違った常識？

一方、相手のことをきちんと思いやる意識があるからこそ、復職者に対して、「どう接していいのかわからない」という戸惑いを抱えている方もいます。

「普通に接してください」と言われても、何が「普通」なのか迷ってしまう。相手にさりげなく接しようとしても、それを意識しすぎて、不自然な言動になってしまわないのか、と過剰に心配してしまうのです。

これくらい、相手を思いやれる人であれば、コミュニケーションに多少の振れ幅があっても問題はないのではないでしょうか。

「このように接するべきだ」といった思いが強すぎると、態度や言葉に振れ幅が強く出すぎてしまうかもしれませんが、根底に相手に気を使える方なら、あまり心配はないと思います。ですから、まるで何ごともなかったかのように、ふるまうのが一番いいのです。

心の中では、しっかり見守ったり、気遣ったりしながらも、表面的なコミュニケーションは、ごく普通に接する。これは、なにも復職者に限ったことではなく、仕事で問題を抱えている部下に接するときと同じことだと思います。

気を使うという意味では、しばしばメンタル面で問題を抱えた人に対して、「頑張って」と言ってはいけないとされていますが、この「常識」も一人歩きしているような印象があります。

何がなんでも「頑張って」がNGなわけではありません。

メンタルの不調には波があって、心が折れた状態から、不調になりかけ、さらにどん底があって、徐々に快方に向かっていって、寛解となる。こういうリズムがあります

確かに、相当にしんどい状態になっている人に頑張れなどとは言ってはいけません。プレッシャーをかけることになるので、もっと、つらくなるだけです。どん底の状態にある人に、この言葉をかけると「もっと頑張らなくてはいけないのか」となるからです。

けれども、快方に向かっている状況であれば、「頑張れ」は決して悪い言葉ではありません。ただ、気をつけなければいけないのは、快方に向かっているときでも、急に悪い方向に振れるケースがあることです。うつ状態から良好な状況に向かっているときに自殺の危険が高まるのは、急に悪い方向に振れるからなのです。そこは、しっかり注意して見ておかないといけません。

つまり、マラソンを走っている人がいたとして、元気に走っているときに、後ろからついていって「頑張れ」と言うと、相手は苦ではないのですが、スピードが落ち始めたとき、止

まってしまっているときに言われれば、つらくなる。そういうことです。

私も良好な状態に向かっている人には、「頑張って」とよく言います。でも、悪い方向に振れて不調気味になっているなと感じたら、口にしません。本人が頑張っている様子が見えるときに、「いい調子だね、この感じで頑張ればいいね」というのは問題がないわけです。

でも、相手が良好な状態に向かっているのか、それとも不調気味なのかは、なかなか傍目からは判断が難しいところです。

その指導は、部下のためか、上司の自己アピールか

その場合、「大丈夫か」とか、「無理はするなよ」という言葉には、優しさが感じられるので言ってもいいと思います。

絶対に口にしてはいけないのは、他人と比べる言葉です。「A君も頑張っているんだから、お前も頑張れ」とか、「B君のようにやれないか」「そんな働き方をするやつはいないぞ」などの伝え方は、復職者、不調者でなくても口にしてはいけません。

それから、指導や声がけをするにも、大勢の前で話すのも避けたほうがいいでしょう。基本的に指導は1対1です。先ほど、言ってもいいと書いた「頑張れ」「大丈夫か」「無理するなよ」にしても、人前で言われると素直に心に入ってこなかったり、あるいは自らの不調を気にかけられていることを他人に知られるのは、嫌なものです。

話は脱線しますが、よく大勢の前で、または顧客の前で部下を叱責する上司がいますが、あれは指導をしようとしているのではなくて、自己アピールがしたいのです。私はこんなにいろいろ知っている、私はこれほど優秀だ……。

2章で紹介した「アドバイス上手」な上司も、しばしば自らの上長、たとえば部長や役員の前で部下を叱責したりしますが、これも、自分はしっかり部下を教育していますよ、きちんとわかっている上司ですよ、ということをアピールしているわけです。

時には、たとえば課長が課長補佐を役員の前で叱責する場合、この人間はこんなに無能ですよ、だから自分に任せておいたほうが安心ですよと、相手を下げようとするアピールだったりもします。きちんと、ものを見られる部長、役員であれば、その課長がダメであることを理解するのですが、そういう人はなかなかいないので困ります。

いずれにしろ、部下は上司が本当に自分を心配して言ってくれているのか、それとも違う目的があって自分にこういう言葉を投げかけているのかは非常に敏感に察知しますから、そのあたりについて上司は無頓着になってはいけません。

「あっ、そういえば今日復帰だね」は、再発を招く

話を戻しますが、復職者に普通に接するとはいっても、会社に出てくるようになった直後は、「復職プラン」をつくるのが基本です。そのプランの中には、就業上の配慮事項も盛り込まなければなりません。

そのプランの中に、残業制限があるならば、絶対にやらせてはいけません。本人の病態によって内容はまちまちになりますが、たとえば残業は3カ月間禁止とか、半年間禁止など具体的に決めてあれば、それをしっかり守るのです。

残業制限以外にも、復帰に際しての業務プランも段階的につくる必要があり、上司のフォローをどの時点で、どのように行うかも本来、きちんと決めておくべきです。

医療機関での受診が継続しているのか、医師の処方どおりに服薬が守られているのか、睡

眠覚醒リズムに問題はないのか、勤怠上の問題はないのか、再発の兆候はないのか……などのポイントを具体的に決めなければ、上司は、復職者に対して何をしていいのかわからなくなってしまいます。

上司の方も、復帰してすぐには全力疾走させてはいけないこと、本人が復職によって不安に思うこと、心配になることがあれば、きちんと相談対応すること、この2つについての意識をしっかり持っておく必要があります。

私の経験では、上司がそういった意識を持っておらず、本人が復帰した日に、「あっ、そういえば、今日から復帰だったね」と言ってしまうような職場では、再発する人が多い傾向にあります。そして、そこまで極端ではなくても、意識の低い上司が圧倒的に多いのが問題です。

復帰に際しては、職場に戻る2週間前くらいには上司と本人が最終面談をして、当日になったら、朝から会議室できちんと対面で確認しなければいけないことが数多くあります。最終面談から当日までの過ごし方、現在の調子、今不安なこと、復帰プランについての説明をしたうえでの合意形成……。

やるべきことを事前にしっかり決めて、きちんと実行しないといけないわけです。

上司が復職を、勝手に判断する雑な会社

ところが、会社によっては、そのような具体的な中身が決められていなかったり、プランそのものがつくられなかったり、といったケースがあります。とくに、独立系の中小企業などは、しっかり計画を立て、それに沿って復職させる仕組みを持っているところの方が珍しいくらいです。

先に、メンタル面のケアについて、ルールをガチガチにつくって、守るようなところで不調者が出やすいという趣旨のことを書きましたが、それはあくまで制度やルール、仕組みを守ること自体が目的になってはいけない、という意味であって、やはりきちんとした基準は必要なのは間違いありません。

そういう仕組みがしっかり整備されていないところは、社員の心の健康に対する意識も総じて低いのが特徴です。もともと、社員は業績を上げるためのコマのような考えがあるところは、いわゆるブラック企業のような存在になっていきます。

たとえば、職場復帰そのものについても、きちんとした会社であれば、本人と上司、人事と産業保健スタッフ、産業医などが総合的に意見を話し合って、復帰時期やプランについて決めていくものです。

しかし、仕組みがきちんとないところは、本人が上司に連絡をして、「そろそろ復帰したいのですが……」と言われれば、「おお、わかった。じゃあ頑張れよ」といったような、雑な対応をしている企業は少なくありません。

復職をした方というのは、本人がとても大変な思いをしています。休職をしたということで、大きな挫折感を抱いている方もいます。それをどうフォローできるかは、とても大切なことです。

周囲がきちんとサポート、フォローできないと、再発を繰り返すような事態になる恐れもあるからです。

休職の原因は、本人にもわからない

もちろん、再発を繰り返す方の場合、本人がなんとか乗り越えなければいけない壁というのは確実にあります。

たとえば、本人も、自分がなぜ不調になったのかをしっかり理解しないといけません。時には、自分が不調になった原因を間違って認識していることがあり、その間違いに気づかないといけないのです。

これは、私がだいぶ前に関わったクライアントの方の話です。休職が2度目になって、「このままだと自分には先がない、会社にいられるかわからない、これからどうすればいいのかわからない」と悩んでいました。

そのとき、たまたま紹介を受けて、私のところに連絡をいただきました。営業を担当している方なのですが、大口の契約がとれるかどうかという、たいへん重要なプレゼンをしなければいけないことになりました。しかし、もともと人前で話すことが苦手だった彼は、プレゼンをしなければいけないことが、非常に苦痛だったのです。

そして、プレゼンの直前からうつ状態になってしまい、とうとう休職をすることになってしまったそうです。

それから数年後、復職していた彼は営業部を含め、社内横断的な大きなプロジェクトチームのサブリーダーになるまで回復していました。しかし、そのチームのプランを役員の前で発表するために、再びプレゼンをしなければいけなくなり、その直前にやはり再発して休職することになってしまったのです。

本人の話を聞くと、2回とも、プレゼンが近づいてくると不安が高まり、「自分はダメな人間なんだ」とか、「自分にはプレゼンが向かないのに……」といった思いで頭がいっぱいになり、まったく仕事が手につかなかったようです。

それでも、職場の人間はまったくそれに気づかず、彼が休職するまでになっても、「仕事が忙しすぎたのだろうか」くらいの認識だったそうです。

プレゼンが苦手なのに、やらなければいけなくなって、不調になった――。実は、根本原因はそこではなかったのです。

そもそも、彼は「営業担当者として製品に対する業務知識と営業スキルのレベルが低い」ことが、悩みの根本的な理由ではないかと私は思っています。先にも紹介したように、一番多い悩みです。

本人も潜在的にはそれを意識しているはずなのですが、上司には絶対に言えないのです。

彼は社歴15年にも及ぶ中堅社員で、会社に入ってからは営業一筋です。そのことを打ち明けたとしたら、「今さら、そんなことを言って、どういうつもりなんだ」と言われ、会社ではもう生きていけなくなるという意識が潜在的にあるように見えます。

彼が営業部でそこそこの成績を上げ、休職に至るまで、社内での評価も低くなかったのは、仕事量でカバーしている面がありましたが、それも限界に達したのでしょう。営業スキルの中には、交渉力などいろいろ構成要素がありますが、その中にプレゼン能力もあります。大口顧客のプレゼンを前にして不調に陥ってしまったのは、自分のスキル不足をカバーできない現実に直面したという、きっかけにすぎません。

しかし、以前の彼は自らのスキル不足について自覚していませんでした。求められることができない情けない自分にきちんと向き合うことができなかったからです。本来であれば、スキルの水準を高める努力をしなくてはいけないのですが、きちんとそれを認識していなかったため、ほかのことで取り繕っていたのです。

上司に言いづらいことを伝えるシナリオ

私には、彼がどんなスキルがどれくらい不足しているかを明らかにすることは目指しません。職種によって専門的な知識というものがありますから、それこそ直属の課長や部長でなければ、理解できないでしょう。

これは先に紹介したＩＴ関連の技術者も同じことで、どの技術レベルが不足しているかは、せいぜいグループマネジャーやプロジェクトのリーダーでなければ理解できないでしょう。

ですから、私がカウンセリングで目指すゴールは、「まず本人が本質的にはスキル不足に悩んでいることに気づき、それを直属の上司に伝えられるようにしましょう」ということになります。

上司に対して、何を話すか、どんな言い方にするか、どこまでなら話せるのかを本人にシナリオとして書いてもらいます。表現の細かなところまで詰めて考え、職場復帰の前のどのタイミングで話すか、そして話してもらったあと、どういう様子だったかまで報告してもらうのです。

そこまでしなければ、なかなか自分の思いは伝えられないというわけです。本人にとっては、それまで顕在的に意識もしていなかったことを周囲に伝えなければいけないわけですから、大変な作業になります。覚悟も必要になります。けれども、それくらいして自分自身に向き合わないと、壁を乗り越えて、職場適応することはできないと思います。

職場を替えるべきか、元の職場か

不調者が復帰するとき、元の職場がいいのか、新しい職場がいいのか、これは上司の判断として大いに悩むところだろうと思います。しかし基本的には、元の職場に復帰するメリットは大きいでしょう。

新しい職場で働くことになれば、新たに業務を覚えなければいけないということ自体で大きなストレスがかかるからです。これはスキル不足が大きな不調の原因になることからも想像がつきやすいと思います。

それに、復職するだけでも大変なのに、人間関係も新しく構築しなければいけないとなると、負担が大きすぎるきらいがあります。

ただし、元の職場でストレスが大きい仕事を請け負わなければいけない、という場合は話が変わってきます。

たとえばクレーム対応の業務によって、強いストレスを受けたことが原因となって不調になった場合に、また元の職場に戻らされてしまえば、再び不調になる危険は高いと考えられます。

あるいは、上司のパワハラが原因で不調になった場合、その上司が異動していない限りは、またそこに戻ると不調になるかもしれません（本来であれば、パワハラによって部下を不調にさせてしまうような上司は更迭されるべきですが）。

こうした状況にある場合は、新しい職場を考えた方がいいかもしれません。

元の職場か、新しい職場かということよりも、より大切なのが、いかにその人が職場適応しやすいのかという観点から考えることだと思います。

その人が持っている知識、技術水準で、求められる業務に対してしっかりと成果が出すことができて、人間関係も良好に保てるのはどの部署の、どの仕事なのか。それをしっかり考えて、復職に適したところを優先すべきでしょう。

そうするためには、本人との対話がやはり不可欠です。本人が何をどのように考えているのか、きちんと確認をとるべきです。

それをせずに、「不調の原因はクレーム対応だろう」「上司との折り合いが悪かったにちがいない」と勝手に判断して職場を変えてしまうと、「会社は何もわかってくれない、見てくれない」と落ち込んでしまったり、「やっぱり自分はダメなんだ」と自信喪失になってしまう場合もあるのです。

「やりたい仕事」と「向いている仕事」の埋められないギャップ

難しいのは、本人が「やりたい仕事」と会社が「やらせたい仕事」にギャップがあるケースです。これは復職者に限らず、すべての会社員にとって、常につきまとう問題だと言えるでしょう。

この点についても、本人から丁寧に話を聞くしかありません。けれども、しっかり話を聞いても、本人の自己認識や希望と適性の間にギャップがあり、復帰の部署や業務を決めるのが難しいときは、往々にしてあるものです。

そういう場合は、専門家に任せるという手があります。たとえば、キャリアカウンセラーに相談するのも一つの方法です。

現時点ではキャリアカウンセリングはまだ広く浸透していませんが、厚生労働省が国家資格として認定した制度です。それだけキャリアについての関心事が高まっていて、社会で求められているということでしょう。

本人が、適性の面から自分に向かない仕事を希望している場合、折り合いをつけるのは非常に難しいものです。しかし、仕事は「やりたい」という情熱だけでは立ち行かないこともあります。どんなスキルが必要なのか、互いにきちんと確認し合って、足りないスキルなどがあればどのように得られるのか、そこまで深く対話をして、納得が得られれば、本人、会社ともに前向きに復帰に取り組むことができます。

このように会社と従業員との間でしっかり対話をし、キャリアについての合意を得ておくことは、一般的にも強く求められるようになっています。

たとえば、多くの会社で年に1～2度の目標設定の面談がありますが、その際に、「あなたの目標はこれですよ」と上司が決めるのでは、面談が形骸化していてまったく意味がありません。

本来は、その人が、どういう仕事であれば情熱を向けられるのか、どんな仕事が好きで、どんなふうに今後10年、20年後なっていたいか、それを面談のときに上司と会話するのです。

これは面談のときに限りません。こうしたやり取りを日頃から意識している上司は、不調になって復帰してくる人に対しても、本人が何を望んでいるのか、どういう未来を歩んでいきたいのかをしっかり把握できるようになるのです。

これができる上司は、自分自身未来志向になります。部下を育てるマインドを持っている上司は、将来を見ます。逆に、部下に対してダメ出しばかりをするような上司は過去ばかり見ているのです。

過去ばかり見ている上司は、「この部下がこういう失敗さえしなければ、自分の業績が上がったのに」というような、少しの生産性の向上にも寄与しない思考回路を持つようになってしまっています。

ほんとうに働きやすい、成果が出やすい職場の上司は、自分の、そして部下のキャリアについて正しい未来志向のマインドを持っています。

再発を防止するのは、60点の対応でいい

メンタル不調の人が復職した際に、再発しにくい環境をつくるには、いくつかの取り組みを「組み合わせ」として機能させることが望ましいでしょう。これ1つやれば大丈夫というものではありません。

具体的には、3つのポイントがあります。まずは職場適応を考え、本人の情熱、仕事の内容、人間関係などについて把握するよう努めます。2つ目は、いかに支援をしていくかというサポート体制をどう機能させるかを考えます。そして、もう1つは本人自身の努力や、ストレス耐性を高める心がけです。この3つを合わせて60点ぐらいできればいいのです。

3つの取り組みのうち、それぞれが100点満点だったとして、それぞれで20点でもいいわけです。こう考えると、だいぶ気分が楽になります。

ところが多くの上司は、本人のストレス耐性に問題があると思えば、支援やサポートはお

ろそかにしてしまい、「精神を鍛えなければいけない」「もっと努力させなければいけない」ということばかりに注力します。

これは正しい対応とはとても言えません。

パワハラ上司が抱えていた、誰にも言えなかった秘密

上司として難しいのは、「部下のことをわかってあげている」という理想を追い求めるあまりに、原因追究などに力を入れすぎてしまうことです。

上司から聞いてあげると、部下は自己開示しやすいのですが、逆に部下が心を閉じているときに無理やり聞き出そうとすると、部下にはつらさしか残りません。そしてさらに本心を隠してしまうでしょう。

上司がやるべきことは、相手の心をこじ開けて中のものを引っ張り出すのではなく、自分自身の心の扉を開けること。自己開示を上司が進んでやることで、部下も心を開きやすくなることがあります。

カウンセリングでも、素直に心をすぐにさらけ出せるかというと、人によってすぐにできる人、なかなかできない人がいます。

本当に話したいことを話すと、自分が取り乱してしまうのではないか、そんな恐れを持つ人もいるのです。あるいは、人に心をさらけ出すことを何か恥ずかしいことと考えている人もいます。

以前、私がカウンセリングをした方で、こんなケースがありました。ひどいパワハラで部下を次々と不調にさせてしまった、ある会社の課長でした。あまりに職場で問題が発生することを危惧した部長が、私の相談室を訪ねるよう指示したのです。

最初は、こちらからいろいろ話しかけるのですが、何も話さず、もちろん心も開いてくれません。「俺には何も話すことはない」という態度でした。

そこで、雑談をまじえてカウンセリングとは関係ない話などをしていて、何か心が通じ合ってきたと感じたときに、彼は急にこんなことを口にしました。

「先生、誰にも言ってないことがあるんだけれど、話していい？」

お話をうかがうと、小さい頃に親と離れて暮らし、施設でいじめられて、大変な思いをしたそうです。そうして心に鎧をまとい、他人を攻撃しないと社会では生きていけないと思って、職場でも攻撃的になっていたことに自分で気がついたのです。

それから、その上司はパワハラをしなくなり、新しい人生が始まりました。

大切なのは「関わる気持ち」を持つこと

職場でさまざまな問題があるなか、上司と部下との会話が突破口になることもあるし、プロのカウンセラーのところで解決法が見つかることもある。ですから、上司は交通整理の役割を果たすといいのではないかと思います。

この部下は、この人と話をするとうまくいくのではないか、こちらのグループに連れていくといいのではないか。そうした交通整理を、ふだんから職場の人間関係に気遣いながら実行していくのです。

一番大切なのは、やはり職場のリーダーが「関わる気持ち」を持つことです。90分のメンタルヘルス概要講座ではなく、1日研修に私がこだわるのは、その理由です。

1日かけて、知識や意識、意欲が強化されると、必ず行動変容が起こります。上司が部下に対してどう行動するか――。そこを変えていくことで、職場のメンタルヘルス環境は大きく改善していきます。

これまでも述べてきたように、メンタルヘルス研修というのは、「不調に対応する」というだけではなく、いかに上司が部下のキャリアデザインや互いのコミュニケーションに関わり、職場のモチベーションや生産性の向上につなげていくのかを考える場です。そうした核心のテーマを含んでいるものなのです。

本当に働きやすい職場とは、どんな場所なのだろう

なにも特別なこと、専門的なことをしなければいけないということではなく、目の前の人をどれだけ尊重できるのか、しっかりその人の気持ちと向き合おうとしているのか、そして、上司が部下と対峙したときに、その部下を生み育ててくれたご両親や、配偶者や子どもなど家族を感じられるか。

職場の多くの人々が、人間的な気持ちを持てれば、誰かを不調にさせたり、再発させたり

することが少なくなっていくと思うのです。

逆に本人しか見えず、その背景にいる家族に思いを馳せられないとなると、業務指示で追い詰めたり、不適切な言葉で心を傷つけてしまったりということもあるでしょう。

「お前、何度それを言ったらわかるんだ」

この言葉を、その人の家族がいる前で言えるでしょうか。そういうことです。言えないと思うのであれば、それは職場でも言うべきではないのです。

よく、メンタルヘルスは部下を甘やかすのではないかという心配も聞かれます。メンタルをケアすればするほど、指導ができなくなるという懸念です。

実際は、本当にメンタルヘルスケアの知識が備わることによって、知識や相手への理解が深まるのですから、深い信頼関係をベースにした、より厳しい指導が可能になります。

さらに、仕事を通して一体感や満足感、達成感もともに共有できる間柄となるため、職場のやる気や生産性が高まります。

本著の冒頭では、職場の飲み会が少ない会社はメンタル不調者が出やすい、というテーマを提示しましたが、それは人間関係の構築の大切さがメンタルヘルスの根底にあるからです。

本当に働きやすい職場とはどんな場所でしょうか？

部下とも同僚とも上司とも、意識して双方向の信頼関係を築いていく。こうしたたゆまぬ努力を続けていくことが今もっとも求められているのです。

おわりに

２０１５年12月、労働安全衛生法の一部改正に伴い、ストレスチェック制度が施行されました。これにより、従業員が50人以上いる事業場では、毎年ストレスチェックを実施しなければならなくなりました。混乱を伴いながらも、今年初めて実施したという企業も多いことと思います。

私も、すでに実施した企業の担当者から相談を受けることが増えてきています。その内容の多くは、「何とか実施はしたものの、想定した結果になっていない」というものです。

主な問題として挙げられるのは、次の３つが多いように感じます。

- 想定したよりも受検拒否者が多くなってしまった
- 自分に都合のいい結果となるように回答している社員がいるようだ
- 医師への面接を希望する社員がほとんどいない

こうした状況を招いた最大の原因は、受検する社員の誤解や不安を払拭するための、丁寧な事前説明が行われていないことです。

そして話を聞いてみると、うまくいっていない企業には共通点があります。それは、「担当者に任せきりである」ということです。

本来この制度が導入された目的は、チェックをすること自体にあるのではなく、チェックを通して、本人にストレス状態にあることを気づいてもらい、ストレス軽減に結びつくような効果的な対策を実践してもらうことなのです。

経営層がこの趣旨を理解せず、「法律で決まったから、仕方がない」「最低限実施しなくては」などの意識を持てば、適当に担当者を決めて任せきりにしてしまいます。

担当者はわからないことばかりの状況で、何とか実施することにのみ意識が向かい、受検者の目線になっていないがために、実施しても社員が誤解や不安を抱えたままになってしまっているのです。

しかし、法改正をいい機会ととらえ、自社のメンタルヘルスケアを推進する契機にしようとしている企業もあります。経営層が真剣ならば、しっかりとした方針が自ずと示され、社員も会社の本気度を理解できます。また、担当者には事前にメンタルヘルスの体系的な知識を養う外部の研修（後述する養成講座等）を受けさせたりもして、スムーズに実施できる体制をつくっています。

その結果、ストレスチェックに対する社員の抵抗感も軽減でき、順調、かつ効果的に実施できるわけです。経営層がメンタルヘルス不調者を減らすこと、やりがいのある活気に満ちた職場にすることを心から願っているのかが今、問われているように思います。

ただし日本では、まだメンタルヘルスケアに手付かずという企業が多いのも実情です。

そんな中、筆者も、少しでもメンタルヘルス不調者を減らしたい、真に効果的な研修を実施してほしいという思い、願いから、一般社団法人日本メンタルヘルス講師認定協会(http://www.j-mot.or.jp/)の設立に参画しました。

協会には、「社内でのメンタルヘルスケア推進、メンタルヘルス講師内製化」を目的とした人材育成制度があります。2級メンタルヘルス講師、1級メンタルヘルス講師の資格制度などもつくりました。

1級講師はプロとして外部研修を請け負えるレベルで、社内で活躍する下位資格である2

級講師を育成できます。実際に1級講師の方々が、全国で2級講師養成講座などを実施することで、メンタルヘルス研修の普及・促進の加速が期待できます。

メンタルヘルス研修はただやればよいわけではありません。本書でも解説した通り、結果が伴わなければやる意義はありません。ラインケア研修により、本気で部下をケアしたいという気持ちになり、具体的にサポートする知識を身につけることが大切です。それをしっかり実践すれば、必ず部下の行動変容が起こります。職場が変わっていきます。

研修の究極の目的は、不調者を減らすことではなく、部下個人のレジリエンスを高め、目標を自ら設定できるようにし、主体的に働けるワークエンゲージメント状態に導くことです。

それによって職場のコミュニケーションは改善され、活気が出てくる。お互い助け合う、支え合う人間関係が生まれ、仲間と共に目標を達成する喜び、困難を乗り越える喜びを分かち合えるようになる。これが個人として成長する土台をつくり、チームとしての成果にも結びつくことになるのです。

こうした働き方が広がれば、やりがいにつながり、多くの人に「さらに成長したい」「こういう自分になりたい」という自己実現欲求がもたらされ、仕事を通して幸せをより強く感じられるようになるでしょう。

そして、その鍵を握るのは、やはり経営層です。

私が最後に経営層の方々にお伝えしたいのは、社員だけを見ずに、その社員を大切にしている家族の存在を感じてほしいということです。かけがえのない人間として社員一人ひとりに接し、社員に、そしてその社員の家族にも思いをはせること。これが今の日本企業に求められていることです。

誰もがそれを実践できたとき、心の折れる職場はその姿を消すのだと思います。

最後に、本書を出す意義に共感し、出版の機会を与えてくださいました、日本経済新聞出版社の野澤靖宏氏と長澤香絵氏、編集に多大なご協力をいただいた斉藤真紀子氏にこの場をお借りしてお礼を申し上げます。

二〇一六年六月

見波利幸

見波利幸 みなみ・としゆき

1961年生まれ。大学卒業後、外資系コンピューターメーカーなどを経て、98年野村総合研究所に入社。メンタルヘルスの黎明期より管理職向け1日研修を提唱するなど、日本のメンタルヘルス研修の草分け。現在はエディフィストラーニング（キヤノングループ）の主席研究員として、研修や講演の傍ら、カウンセリングや職場復帰支援などを行う。2015年より、日本メンタルヘルス講師認定協会（http://www.j-mot.or.jp/）の代表理事に就任し、メンタルヘルス講師の育成を行っている。主な著書に『「新型うつ」な人々』『劣化するシニア社員』など。

日経プレミアシリーズ｜312

心《こころ》が折《お》れる職《しょく》場《ば》

二〇一六年 七 月 八 日 一刷
二〇一六年一二月 七 日 九刷

著者 見波利幸
発行者 斎藤修一
発行所 日本経済新聞出版社
http://www.nikkeibook.com/
東京都千代田区大手町一―三―七 〒一〇〇―八〇六六
電話（〇三）三二七〇―〇二五一（代）

装幀 ベターデイズ
組版 マーリンクレイン
印刷・製本 凸版印刷株式会社

ISBN 978-4-532-26312-6 Printed in Japan

日経プレミアシリーズ 119

「新型うつ」な人々

見波利幸

社員に軽く注意をしたら不調を訴え会社に来なくなった、異動や職種転換の後、やる気をなくし休みがちに……20代から50代まで多くの相談者をカウンセリングした著者が、急増する「新型うつ」の実態を事例から掘り起こすとともに、社員を「新型うつ」にしないための対策や、ストレスマネジメント法まで、対処法を提案する。

日経プレミアシリーズ 240

劣化するシニア社員

見波利幸

あと数年だからと無気力になる、一人分の仕事がこなせず足を引っ張る、職場で茶飲み話、過去の職位をふりかざし大暴走――「定年延長」「再雇用」で増えるシニア社員たちがいま、縦横無尽な振る舞いで多くの職場を翻弄している。数々の現場を知る産業カウンセラーがその実態と原因を分析し、対処法を提示する。

日経プレミアシリーズ 281

薄っぺらいのに自信満々な人

榎本博明

どんなときも前向き、「完璧です！」と言いきる、会社の同期や同級生といつも一緒、Ｆａｃｅｂｏｏｋで積極的に人脈形成……こんなポジティブ志向の人間ほど、実際は「力不足」と評価されやすい？　ＳＮＳの普及でますます肥大化する承認欲求と評価不安を軸に、現代人の心理構造をひもとく。

日経プレミアシリーズ273

知らないと危ない、会社の裏ルール

楠木　新

終身雇用・年功序列は終わったと言われても、日本の組織、会社は劇的には変わらない。「懲戒処分より恐ろしい仲間はずれ」「永久に不滅の親分―子分構造」「組織を動かすボタンの場所と押し方」――。円滑に仕事を進めるために、誰もが知っておくべき、一般の経営書が教えてくれない本当の組織論。

日経プレミアシリーズ269

ハイパフォーマー　彼らの法則

相原孝夫

なぜ「彼ら」は、継続して高い成果を上げるのか。さまざまな業種、多くの企業のハイパフォーマーを分析すると、そこには5つの共通する思考特性、行動習慣があった。偶然の成果を喜ばない、小さな行動を繰り返す、身近な人を支援する……。通俗的な「成功法則」からは知り得ない、彼らの実像に鋭く迫る。

日経プレミアシリーズ314

ビジネス版　悪魔の辞典

山田英夫

経営・ビジネスの「教科書」が、なぜか教えてくれない日本的組織の実態、そして仕事の本質に鋭く迫る。【上司】自分の提案を、横取りするか邪魔する人――。読めば納得、そして背筋が少し寒くなる語釈が満載で、ほとんど書き下ろし。昇格試験対策等に使用するのは危険です。ご注意ください。